気になる子、障がいの

すべての子が輝く
インクルーシブ保育

広瀬由紀・太田俊己 編著

もくじ

Part 3 インクルーシブなクラスづくり

インクルーシブなクラス運営とは？ …44

Part 4 家庭と連携する

「気になる子」の保護者を理解する …108

「気になる子」の保護者とつながる …110

一人あそびが好きな子、
虫が好きでたまらない子、
笑ったり怒ったり忙しい子…
クラスは個性豊かな子どもであふれてる。

障がいのある・なしにかかわらず
みんな一緒に包み込み、
育ち合う環境・クラスをつくっていく。

―― それがインクルーシブ保育！

Part

インクルーシブ保育を
理解する

インクルーシブ保育とはどういう保育で、
何がどういいのでしょうか。
そして、実現するためには何が必要なのかを
理解しましょう。

インクルーシブな保育とは？

工夫が必要になってきている現在の保育現場

　障がいのある子をはじめ、今、保育現場にはいろいろな気になる子どもたちがいます。発達障がいがあり集団での活動が苦手な子、友達関係をうまく築けない子、家庭が不安定な子、日本語がわからない外国籍の子……こうした多様な子どもたちを抱える現場が増え、これまでの保育のやり方、考え方では対応が難しく、保育に工夫が必要になってきています。

　集団の活動から外れがちな発達障がいの子を例に、どんな対応が行われてきたか見てみましょう。

従来の保育は、配慮の必要な子が「入りにくい」保育？

　ある園で見かけた発達障がいの子は、クラスで集まって絵を描こうとしても、中に入って来ませんでした。絵を描く友達の横を走り回り、クレヨンを投げ出したので、さあ困ったと言って、支援員の先生などにその子に付いてもらっていました。ほかの子はかまわず絵を描き進め、その子と別に、クラスの保育が展開していました。その子がクラスの集団に「入っていない」保育です。

　もう一つは、クラスのほかの子は園外保育で行った動物園の思い出を絵にしていました。しかし障がいのある子は、「課題」のはめ絵をしていました。なぜはめ絵かというと、その子が今取り組むべき「個別課題」だからだそうです。集団の中で一人はめ絵をして、その子の発達課題は改善されたかもしれません。けれど、クラスにいる意味は何でしょう。

　その子は、やはりクラスに入れてはいません。その子を受け入れ、みんなと一緒に取り組む保育ではないのです。

「障がいのある子も初めから一員」の インクルーシブな保育

　今までは左のように、気になる子や配慮が必要な子を「受け入れない」か、みんなに「合わせる」、またその子だけ「別メニュー」にする保育でした。しかし、それではその子はいつまでもクラスの一員になれません。子ども同士の育ち合いも難しいのです。

　そこで注目されたのが、多様な子たちを前提に、どの子もその子らしく取り組めて、育ち合う保育をめざす「インクルーシブ※保育」です。考え方としては、①②のように保育を振り返り、見直します。

> ① その子は本当に、いつも走り回る子か、絵に関心はないのかなど「子どもの理解」を振り返る。
>
> ② みんなが一斉に絵を描くのがよいのか、絵や粘土や紙工作もやってみたほうがよいかなど、「保育の見直し」を行う。

　このようにインクルーシブ保育では、配慮の必要な子が参加できない理由や背景を考えます。その子に話を聞き、これまでの経過、状況、家庭での様子も見て、保育者はみんなでその子の姿について話し合い、「その子」への理解や保育を、「その子の側」から見直していきます。

　また、インクルーシブ保育では、今の集団、今の保育に入れることを第一にして、その子の「問題改善」を目的にはしません。まずはその子の「できること」「個性」を生かして、その子も含め、クラスのどの子も取り組める「環境や状況を用意しよう」と考えます。肯定から入り、良い環境設定を心がけていくのです。

　さらに、気になるその子の変容を重視して、「個への支援」にばかり視点を当てず、日々の生活の中で子ども同士の関係の育ちを支え、その子も含めたみんなが育ち合う姿をめざします。

　インクルーシブ保育は、「障がいのある・なし」や「子どもたちの背景」にかかわらず、いろいろな子どもたちを前提にした保育を考え、展開し、どの子も育ち合えるより良い保育をめざす保育なのです。

※インクルーシブ (inclusive) とは＝包まれる、含まれる、一体のという意味。保育では、障がいのある子もない子も、その子らしく、子ども同士が育ち合う保育として使われます。

インクルーシブ保育って
何がいい?　どこがいい?

インクルーシブ保育が生み出す成果

　実際に、インクルーシブな保育を行うと、どんなところが良くて、どんな成果が生み出されるのでしょう。インクルーシブな保育の良い点には、

① いろいろな人たちがいる、これからの社会へとつながる保育が生まれる。
② 一人一人を大切にする保育、主体的な子どもたちを育む保育が生み出される。
③ 保育者の保育力を育て、保育者間の思いをつなぎ、人との協働を生む保育ができる。

の3点があります。
　①～③の良い点を具体的に見ていきましょう。

現状を踏まえ、これからの保育をつくる ―①について―

　保育現場とこれからの社会を考えたとき、これまでのような保育はできない現状があります。同質の子たちがいてできる一斉保育、全員に同じ活動を求める設定保育、保育者一人で全部切り盛りする保育では、これからの幼児教育・保育は成り立ちません。

　今、地域も家庭環境も変わり、特に「家庭」が不安定です。人との関係も社会性も、子どもたちは「園で体験する」時代です。一人一人にきちんと意識を配る保育が必要です。

　発達障がいのある子どもたちも増えています。実際に対応に困っている園も多いことでしょう。さらに、外国にルーツのある子どもたちも続々と保育現場には増えています。

　いろいろな子どもたちがいることから始めるインクルーシブな保育なら、こうした現状を踏まえ、これからの保育をつくることができます。

**主体的な子どもたちを育む
インクルーシブな保育
―②について―**

　インクルーシブな保育では、障がいのある子も含め、どの子もいて当然、どの子も大切にする保育を展開します。つまり、一人一人を大切にする保育を行います。大切にされた経験をもって幼児期を過ごした子どもたちは、いわゆる自尊感情のある安定した子どもになります。安定した子どもは、ほかの子どもたちと日頃からかかわり、人との関係を結ぶことができ、相手を思いやる心、尊重する気持ちをもっています。障がいがある子もない子も、さまざまな子どもたちがインクルーシブな保育の中でともに生活し、関係を育んで育ち合っていきます。このように人とかかわって成長し、人と協働することができる子どもたちであれば、将来、仲間やいろいろな人とともに、学校や社会をつくっていく人になることでしょう。インクルーシブな保育は、今、求められている保育、つまり個々の主体性を尊重し、主体的な子どもたちを育てる保育とも重なります。

**保育の質を高め、
協働を生む保育をするには
―③について―**

　③は保育者側のことになります。いろいろな子どもたちがいることから始めるインクルーシブな保育では、やはり保育者の協働作業が必要です。その子どもの理解について、日常的に話をして分かり合い、家庭などの情報も共有します。

　園では、保育者間で見方が合わなかったり、ちぐはぐな対応があったりすると、互いの間で葛藤が起きることがあります。そうした壁を乗り越えるためには、同僚性といって、立場や役職から離れ、互いに同じ保育者（同僚）としてこだわりなく、子どもと保育について、意見を交わし合うような風土が大切になります。そうした雰囲気の中で保育ができると、園も保育内容もぐっと良い感じになります。

　また、園内に限らず、巡回相談や地域の保健センター、特別支援学校、療育機関、保護者との密な連携をとるので保育を通してそれぞれと思いをつなぎ、一緒にやれる良さ（協働性）が生まれます。また、その協働性があれば、ともに子どもの成長を喜び合うことができるので、保育にやりがいを感じられます。結果、園内の子どもの理解、保育への意識、対応する力などが高まるのです。

　園内で生じるいろいろな葛藤も、保育者の成長を生み出すエネルギーに変わるのが、インクルーシブな保育の良さです。

インクルーシブな保育を 展開するには、何が必要？

日々の丁寧な保育を積み重ねること

　インクルーシブな保育の良い点を見てきましたが、実際にさまざまな子どもがいるクラスで保育を進めていくとき、何が必要になるのか考えてみましょう。

　インクルーシブは「包含」と訳されます。逆はエクスクルーシブ（＝排除）ですので、「排除しない」と考えてもよいかもしれません。互いに違う子どもたちがつながり合って、さまざまなことに手を取り合って向かい合うこと、そこから学び合うことが大切にされる生活がインクルーシブな保育です。

　そのため、日々、「丁寧な保育」を展開して、それを「積み上げること」を大切にしたいところです。さらに、保育者や園が、家庭や関係機関との連携を図り、互いのことをよく知る機会をもてると、インクルーシブな保育はさらに深まりを見せます。

**連携するうえで
大切にしたい保育の視点**

　「保育指針」や「教育要領」、「保育・教育要領」に記載されている、「環境を通して」「一人一人に応じる」ことは、気になる子かどうかにかかわらずどの子に対しても共通です。

　つまり、気になる子だけが頑張って、集団に合わせることや、その子にとって難しいところを（別手段で）補うことだけを求められるのではなく、気になる子も含めて「一人一人がその子らしく過ごせているか、その過ごし方は充実しているか」という視点（詳細は 24-25 ページ）を大切に、連携して保育を考えていきます。

※ 子どもの理解とそこからどのように保育を考えたらよいのか、については、事例ページ（46-105 ページ）をぜひ参考にしてください。

保護者を支える役割も

　保護者は、保育者が気になっているその子と、保育時間以外はほとんど一緒に生活をしています。いろいろな思いが錯綜しているにもかかわらず、それを打ち明けるには、いくつもの壁があるかもしれません。子どもや保護者の様子を見て、まず考えたいことは、「保護者とその子の時間がより充実するように支えること」と「保護者がわが子をかわいいと思ってかかわれるように、園での様子を伝えること」ではないでしょうか。保護者が日々、子育てに楽しさや愛着を感じながら、地域で安心して過ごせるように、保育者、園をはじめ、関係機関はつながり合いながら、支えていく方法を考える役割があります。

対等な立場で情報を交換する

　地域にある互いの機関では何が行われているのか、そこに行くことで子どもや家庭にどのようなメリットがあるのかを、具体的に知っていることは、保育者にとって「強み」となります。私たちも、初めてのものや得体の知れないものを、いきなり二つ返事で「やってみる」とは答えにくいものです。

　例えば、保護者に地域の療育機関などを勧める場合も、「行けば良いことがある」という不確かな情報ではなく、「行くと〇〇の環境の中、△△の流れであそび、□時間程度かかると思う」など、内容が具体的に伝わる話し方をしたほうが、子どもや保護者にとってイメージが湧きやすく、行くことへのハードルも下がります。

　また、関係機関と情報交換をする際、大切にしたいことは、園や保育者自身の専門性や立ち位置を明確にしたうえで、互いの施設間の優劣をなくしてつながり合うことです。対等な関係が築けると、それが保育者や園として子どもや家庭を支えるだけではなく、自分自身の環境や人とのかかわりを広げたり、深めたりするきっかけにもなります。

　次ページからは、インクルーシブな保育を展開するために必要な保育者間、園と関係機関などとの連携や環境構成について見ていきましょう。

担任任せにしない

担任も子どもも困る、つらい状況に

気になる子を含めたクラス運営をするとき、担任保育者一人に任せてしまうと、どんなことが考えられるでしょうか。

担任一人だけでクラスを担うと悪循環（下左図）に陥る可能性が考えられます。担任が気になる子の存在を通して、「困った」「つらい」と感じる状況は避けたいものです。また、「困った子」として見られる子ども側の気持ちを想像してみるとどうでしょう。伝えたい気持ちをくみ取ってもらえないままつらい思いをしてしまうかもしれません。悪循環を脱し、好循環（下右図）にするためには、園全体で子どもを見て、一緒に考える環境をつくり出すことが重要です。

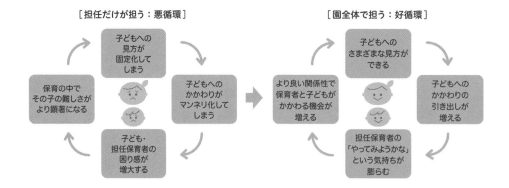

園全体で気になる子について考えられる環境とは

- 担任保育者がほかの保育者と子どもについて気軽に話せる。
- 保育の悩みをだれもが声に出し、「助けて」と言える。
- 助けを求められたとき、「なに、なに？」とみんなで一緒に考えられる。
- 管理職から特別支援コーディネーターの指名を受けた保育者※が情報や思いをつないでくれる。

担任保育者任せにしない園の体制（好循環）をつくるためには、会議などのフォーマルな場での情報共有はもちろん、それ以外のインフォーマルな場でのコミュニケーションも非常に重要です。「いつでも」「どこでも」「一緒に」、子どもや自分の保育について語り合える職場の環境や雰囲気を少しずつ、つくっていくことが大切です。

※**特別支援コーディネーターの指名を受けた保育者とは**＝園全体で気になる子のことを考えるとき、担任と一緒に保育を考えて（子どもを見る視点、かかわりの方法を増やすなど）アドバイスし、自信や意欲をもてるようにする人。また、気になる子に関する情報共有・交換の機会を、園内外で積極的にもち、関係機関と園の橋渡しをする重要な役割も担っている。

加配の保育者任せにしない

加配の保育者任せにすると……

　次に、担任保育者とともに、加配の保育者がついている場合のクラス運営を考えてみましょう。加配の保育者がいることで、気になる子に対して担任保育者が「やりたかったけれど今は難しい」と感じていた部分に手が届くようになり、保育がより充実することにつながるなら、うれしいことです。一方で、インクルーシブな保育を展開するにあたっては、加配の保育者に任せきりにしないよう、意識しておかなければなりません。

加配の保育者に任せきりにした場合の問題点

［1］クラスが分断されてともに育たない!?

　「加配の保育者－気になる子」「担任保育者－気になる子以外の子どもたち」という集団にクラスが二分されると、それぞれの関係性で保育が完結してしまい、気になる子と周囲の子どもたちがかかわる機会が奪われてしまうことがあります。これは「ともに育ち合う」というインクルーシブな保育で最も大切にしたい部分が削がれる可能性につながってしまいます。

　気になる子が周囲の子たちの姿から気がついたり、まねをしたりして学んでいく機会は大変重要です。また、周囲の子たちも、気になる子を受け止めていこうとする過程で、相手を思いやったり、物事を柔軟に捉えたり、創造的なアイディアを生み出したりすることが多々あります。そうした学びの機会を逃すことにもつながります。

［2］保育者が育ちにくくなる!?

　気になる子を加配の保育者任せにした場合、保育者同士の情報交換の必要性が薄れてしまうことがあります。そうすると、子どもを深く理解するための情報が不足し、自分の保育を見直す機会も失われてしまいます。保育者がしっかり向き合うためにも、お互いが気になる子をより良く知ろうとすることが大切です。

担任
加配
クラスの子ども
気になる子
やだー

Point

加配の保育者とインクルーシブな保育を展開するポイント

医療的ケアなど1対1の対応を要する場合でも、加配保育者と子どもの「2人だけの世界」にならないように意図してかかわる。

● 常に一緒にいるのではなく、子どもが1人で集中しているときは、意識的に少し離れる。

加配保育者が非常勤職員の場合もあるので、組織として情報・意見交換ができる仕組みを整えていく。

● 週日案や日々の記録などを活用する（相互に子どもの様子を書き込めるような書式を園独自で作成）。

● 巡回相談の日の勤務を調整し、気になる子にかかわる全職員が参加する。

コレが必要！

インクルーシブな視点で環境構成を考える

過ごしやすい生活環境にするヒント

保育は環境を通して行われます。それは、どの子にもうれしい環境であってほしいものです。インクルーシブな視点から、クラスの環境を考えてみましょう。

ほっとできる空間がある？

● 狭い空間を利用したり、区切ってコーナーを作ったりして、1人になれる場をつくる。

子どもが理解しやすい順番・表示になっている？

● ロッカーやカバン、タオル掛け、道具棚や靴棚なども、名前順ではなく、子どもの身体差や支援の必要な子が見つけやすい場所かどうかを考慮して決める。

余計な刺激がないようにする

● 支度をしているときに気が散らないよう、視線の先におもちゃなどを置かないようにする。

● 集まりのときに、保育者の座る定位置の後ろには物を置かないか、隠すようにする。

※ 実際に生活をしてみてから、子どもの理解に応じて、クラスの子どもたちと相談して、改めて考えてもよい。

Point

子どもの目線で見直す

子どもたちの目線になって登園から降園までの環境を丁寧に見渡し、快適に過ごせるように変更していくことで、子どもにとっても保育者にとっても、過ごしやすい空間が生まれます。

自分で選べるあそびの環境を

　次に、あそびと関連した環境を考えてみましょう。大切なのは、保育室や園庭などの環境に、「子どもたち自身が選んで、あそび込めるものが用意されているかどうか」ということです。保育者が指定した特定の遊具から選ぶのではなく、環境として多様な遊具や素材が備わっている中から、子どもが自分で選んであそべるようにします。そうすることで、だれもがあそびやすい環境になります。

遊具が散乱しない工夫

● 遊具の写真を棚に飾っておき、欲しいときに保育者に要望できるようにする。

● おもちゃを入れる箱や園庭の道具入れなどには、中に入れるおもちゃのイラストや写真をはり、子どもが自分から取り出しやすく片づけやすいようにする。

場の狭さを感じるときは

● 机などを使っていないときは、折り畳んで部屋の隅や室外に片づける。

● 可動式の棚や紙パックで作った台などで、あそびごとに、スペースをおおまかに区切ってみる。

Ｐoint

気になる子の行動を
環境と絡めて改善する

　登園したら支度もそこそこにすぐあそび出す子、集まりのときに前に出てきてしまう子、靴の出し入れのたびに、自分の靴箱を探している子、園庭で使った遊具を片づけない子など、気になる子の行動を、環境と絡めて考えて改善していくことで、より過ごしやすい空間づくりにつながっていきます。

コレが必要！

保育を根本から見直す

保育のどんなところを見直す？

　気になる子を含めたクラスの保育を考えるとき、「いつものとおり」で展開していこうとすると、どうしてもお互いにしんどくなってしまうことがありませんか？　そんなときは、思いきって保育そのものを見直すことが必要かもしれません。どんなところを見直せばいいのか、考えてみましょう。

① 目的を押さえ、手段を見直そう

例　伝達

- 伝達の目的が何かを再確認する。
- わかりやすい方法（「話す」「見せる」「動く」など）を考えて、伝える。

園庭から部屋に戻るとき、子どもたちを「1列に並ばせる」必要があるか？　「集める」ことが大切か？　などを考えてみる。
「並んだら○○するよ」など、その先にある"楽しいこと"も見通せるように伝える。

② 切り口や展開を見直そう

例　活動の見せ方や展開方法

- 気になる子の興味があるもの、好きなものを活動に取り入れ、周りの子も巻き込む。

散歩などをするとき、気になる子の興味のあるもの（例：数字）を切り口に「数字探しに行こう！」などとすると、その子も参加しやすくなり、周りの子の展開の幅も広がる。

③ 段取りを見直そう

例　クラス集団

- 複数担任という状況をうまく活用し、役割分担をしながら、クラス集団を調整する。

夕方のあそび時間での排せつの場面。クラス全員が室内で過ごすと決めないで、担任の1人は集中している子と室内あそびを続けながら、排せつに誘う。もう1人は、ほかの子どもたちと園庭やホールなどへ移動してあそび、一区切りついたら排せつに誘いつつ室内に戻る、といった流れをつくり、節目をはっきりさせる。

※ あそび込んでいるときに中断しないので、子どもが節目を受け入れやすい。

④ 内容を見直そう

例　日課・活動・行事

- 目的を明確にし、同じ場所や時間、内容のままでいいのか、同じことを繰り返す必要があるのかどうか、引き算の発想でも検討する。

クラスの集まりは、室内でしかできないのか、内容はクラスの実態に合っているのか、などを見直してみる。集まる目的を明確にしたうえで、子どもの集中時間なども考慮し、本当に必要な内容だけを残していく。

巡回相談を利用してみる

巡回相談とは

自治体の整備状況にもよりますが、地域にある発達支援センターなどの巡回相談を利用している保育現場は少なくないと思います。一般的な巡回相談では、発達支援センターなどに勤務している臨床心理士などの専門職種の人が、実際に園に来て子どもの様子を見たうえで、保育中に見せる子どもの行動への解釈や、子どもに有効と考えられる支援の紹介をしたり、保育者と情報や意見を交換したりします。

巡回相談を活用する目的は？

巡回相談を何の目的で活用しているのでしょうか？　その子が集団に入れるようにするため？　活動に入ることの難しさを補う方法を探すため？　それとも、その子が園の中でより充実して過ごすためでしょうか？

もちろん、気になる子が集団とつながり合う方策を考えることも必要です。一方で、「その子らしい時間を存分に過ごす」、「周囲がその子を理解する中でともに過ごす」という視点も、インクルーシブな保育を考えるうえでは非常に大切です。

例えば、こだわりの強い子がいたときに、「その子のこだわりが強く出ないように見通しをもって行動する」という保育もありますが、「こだわりを生かしつつ、周囲の子も楽しく過ごす」という視点でも保育展開を考えるのがインクルーシブな保育です。園や保育者がその子に願う保育の方向性を確認したうえで、気になる子を理解する手段として巡回相談を活用していきましょう。

巡回相談員と対等に向き合う

巡回相談員もそれぞれもっている背景が異なります。保育現場をよく知らないという人もいて、保育とは異なる切り口で子どもを見る場合もあると思います。そして、巡回相談員は、毎日園にいるわけではなく、巡回に入ったその日の様子だけを見て判断します。

一方で保育者は、その子を毎日見て試行錯誤してかかわっています。どちらがその子についてよく知っているのかは……明らかですね。保育者自身がその自負をもって巡回相談員と対等に向き合い、子どもを理解する引き出しを増やしていくことが大切です。

関係機関と連携する

関係機関の役割と連携のポイント

巡回相談以外にも、インクルーシブな保育を展開するにあたり必要になるのは、その子の行動の背景を探り、家庭生活を知ることです。その方法の一つとして、関係機関との連携が大切になります。関係機関の役割と連携のポイントを見てみましょう。

地域の保健センター

地域の保健センターは、妊娠から乳幼児期の子どもと家庭を組織的に支える取り組みを多く行っています。

健診時だけでなく、子どもと家庭を支援するために必要な連携をすると、子どもと家庭を支える引き出しが増える。

地域の療育（発達支援）機関

発達障がいの診断の有無にかかわらず、発達の特性が気になる子どもに、専門職（言語聴覚士、臨床心理士、作業療法士、医療ソーシャルワーカーなど）が個別療育を提供します。

保護者が「保育所等訪問支援」制度の活用を通っている療育機関に申し出た場合は、子どもが通っている療育機関の職員が園の様子を見て、集団生活を送るうえで必要な支援などについて、保育者と話し合う機会をもつことになる。そのときには専門家の意見を聞くことができる。

地域の特別支援学校

地域の特別支援学校は、「センター的機能」をもっています。センター的機能とは保育所やこども園などが地域の子育て支援の拠点であるのと同様に、特別支援学校は地域の特別支援教育の拠点としての役割が求められているということです。

その一つとして保育所や幼稚園などに対し、園の特別支援教育に関する相談や助言ができる、とされています。

各園での特別支援教育体制や取り組みに対する相談、助言ができる機関として活用できる。

[専門機関との連携]

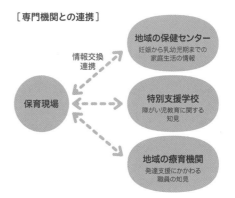

Point

関係機関と連携するときには……

さまざまな関係機関を挙げましたが、連携をとるときに意識しておくことがあります。それは、保育現場は、子どもを育てる専門機関だということです。関係機関はそれぞれの立場や経験から、子どもや家庭の様子を語ります。しかしそれは、あくまで「一面」です。領域によって、見る視点は異なります。つまり、異なる視点から見ているものを、保育にそのままもち込んでしまうと無理が生じることがあります。関係機関からの話はあくまで「参考」に、そこから自分たちで、その子や今の保育の状況から、より良い方策を園内で十分に練っていくことが大切です。

 **コレが必要！**

小学校につなげる

小学校につなげるために、園で行うこと

それぞれの子どもの魅力や愛らしさに注目して、良いところを継続して育んでもらえるように、園で丁寧に支援してきたことを小学校に伝えましょう。

〈伝えるための工夫例〉

● 小学校との窓口（連絡をとり合う人）を決めておく。

● 小学校との交流の際、小学校教諭に、支援の必要な子どもの顔を覚えてもらう（子どもを観察してもらい、園での支援の仕方や、対処方法を伝える）。

● 保護者の小学校見学（オープンスクールや行事など）に同行する。

● 就学時健診の前に保護者と話し合いをもち、保護者が小学校教諭と直接話せるように橋渡しをする。

● 療育機関や保護者からの情報を基に、子どもの成長に沿った援助の仕方について全職員で共通理解し、まとめておく。

● 保育記録をとる（就学までの見通しをもち、生活面での自立や困ったときの対応などについても記載する）。

● 要録のほかに、就学支援シートなど具体的な手立てがわかるものを作成する。

正確に、豊かに情報を伝えるために、信頼関係の構築を

　何よりも、日頃から保護者、小学校、園で情報交換をする場を設け、信頼関係を築き、障がいのある子や気になる子の理解者や応援団を、小学校の中にできるだけ多くつくることが大切です。

　その関係性の中で、入学前や入学当初には保護者の承諾を得て、子どもへの対応の仕方（気持ちの落ち着け方）や特性（こういうことでつまずく、こういうときにパニックになる、など）、友達関係（仲の良い子、面倒をみてくれる子）などの情報を、なるべく具体的に小学校に伝えられるといいでしょう。

就学に向けた日頃からの連携のポイント

保護者とは

担任やフリー保育者は、なるべく個別でかかわる時間をつくる。

就学が近づいてからではなく、常日頃から連携を密にとり、なんでも相談できるように信頼関係を築く。

関係機関とは

巡回相談、地域の療育機関、特別支援学校と相互に見学して、情報交換を行う。

定期的に情報交換をする場を設けると、気軽に意見交換ができるようになる。

小学校とは

幼保の交流や参観の場に小学校教諭を招いて、普段から子どもたちとかかわりをもてるようにする。

かかわりの場をもつことで、障がいのある子や特に支援の必要な子への理解を深めてもらう。

個人情報の扱いは……

　障がいがある場合は、基本的に（子どもが安心して生活ができる場にするため）、必要な情報を小学校側に伝えることになっている。ただし、個人情報なので、保護者と園が共通理解し、それぞれの情報を、だれがどのように、いつ小学校に伝えるのかを決めておく。それ以外の場合は、保護者の許可を得てから伝える。

Part 2

「気になる子の保育」を見直す

「気になる子」は「気に留めるべき子」。
一人一人の育ちに着目し、気になる子の保育を
インクルーシブな視点で見直してみましょう。

「気になる子が気になる」保育の問題

保育者の見方で捉え方が変わる

ある子のことが「気になる」のはなぜでしょう。それは、保育の中でその子の「何か」が引っかかるから。言ってみれば、今行っている保育との関係で、または保育者の中にある「ものさし」によって、その子が「気になる」のではないでしょうか。

岡村（2011）による91名の保育者への調査※では、園によって、また保育者によって、「気になる子」を挙げる人数がかなり違ったそうです。つまり「気になる子」は、どの園のどの保育者にとっても「気になる子」なのではなく、それぞれ気になり方や基準が違うということ。子どもの年齢や対人関係の受け止め方によって「気になる」ポイントは違い、子どもの発達や特徴の捉え方によって、「気になる」目安も変わるのかもしれません。

「気になる子」は「気に留めるべき子」

この研究からは、「保育のあり方」や「保育者の見方」で、「気になる子」の受け止め方やその保育が変わるのかもしれないと思わせられます。保育では振り返りが大事です。その子が今どうして気になるのか、何が気になるのか、ちょっと考えてみませんか？　私たちはつい、「既成の保育からはみ出さない子が良い子・普通の子。そこから外れた子・はまらない子は"気になる子"」というように、色眼鏡で見てはいないでしょうか。

インクルーシブな保育では、ちょっとユニークな子やはみ出す子こそが、保育を活性化させる活力源にもなります。「こんな運動会は嫌いだ！」と言った子の発言から、どの子も楽しめる運動会に展開した例もありました（右ページ参照）。実は、"良い子・普通の子"にも潜んでいるかもしれない本音が、"気になる子"たちの言動に含まれることがあります。「気になる子」は、むしろ保育を見直すうえで「気に留めるべき子」なのかもしれません。

※ 岡村裕子（2011）保育者から見た「気になる子ども」についての調査研究、滋賀大学大学院教育学研究科論文集、第14号、pp.37-48

インクルーシブな保育の取り組み例

年長児のなおちゃん
（ちょっとADHDの特徴がある）

ダンスも
リレーも
イヤだ

運動会
なんて
つまらない

嫌いだ

やれる
ところは
がんばって
みようね

やりたくないなんて困ったな。
どうしたらやる気になるかな

担任

　なおちゃんの発言を前に、私たちはつい、「困ったな。どうしたらみんなと一緒にやってくれるかな？」というように、なおちゃんをみんなに合わせようとしがちです。その背景には、「みんな同じように参加するもの」という保育者の思い込みもありそうです。
　インクルーシブな保育では、なおちゃんの思いをくみ、「なおちゃんもどの子も輝いて参加できる運動会にするにはどうしたらいいか」を考えていきます。

クラス全体で話し合い

　年長児くらいになると、自分の気持ちを言葉にしたり、友達の話を聞こう、相手の気持ちを知ろうとしたりする力がついてきて、子どもたち自身で話し合おうとするでしょう。そんな子どもたちを尊重しながら、必要な部分で保育者がサポートしつつ、見守っていきたいものです。
　また同時に、園全体で話し合うことも必要です。担任だけに任せ、担任だけが悩むのではなく、保育者同士がつながることがとても大切です。

なおちゃんは
どうしたい
のかな？

なおちゃんは
ダンスがうまく
できないから
イヤなんじゃない？

ほんとは
わたしも
ちょっとイヤ…

どんなダンス、曲が
いいか、なおちゃん
一緒に考えようよ

うん！

車いすのみうちゃんも
いるし、リレーのやり方
も相談
しよう

どの子も活躍できる運動会ができた！

子どもが考えた
動き・曲で自由に踊るダンスに。

おしりフリフリ♪

車いすのみうちゃんを頑張って押して、
リレーに参加するなおちゃんの姿も。

　ある子の発言の裏には、ほかの子どもたちも抱いている本音が潜んでいることがあります。そこを読み取ってそれぞれのニーズをくんだことで、どの子も楽しめて活躍できる運動会ができました。保護者にも子どもたちの声と保育の経過を日々伝え、家庭でも話題にしてもらうことが大切です。

保育で大切にしている視点を
ベースに

だれかと比べるのではなく、
「一人一人の育ち」に着目して

「指針」や「要領」などにおいて、保育は「一人一人に応じる」ことがその原理として示されています。例えば、まだ言葉を話さない乳児に対して、表情やまなざしからその子の伝えたいことを想像し、言葉をかけたり環境を整えたりするなど、保育者は日々、個々に合ったかかわりに心を砕いていることと思います。

もちろんこれは乳児に限らず、相手が幼児であっても、共通することです。保育は、子どもたちを横並びにして比較したり、子どもに時期を区切って到達目標を設定しながら行ったりするものではなく、唯一無二である「○○ちゃんの今」を軸として展開していることを確認しましょう。

気になる子に出会ったときも、保育が従来大切にしている「その子の育ち」を第一とした視点で子どもを捉えてほしいと思います。例えば、特定の子に対して保育者が「気になる」と感じるときのまなざしはどうでしょうか？　だれかと比較していないでしょうか？　何かに合わせることを目的としていないでしょうか？

また、「気になる子の育ち」はどのように見ていけばよいでしょうか。保育者が「気になる」背景に、集まりに参加しない、友達をたたくなど、その子の「困った」行動があるかもしれませんが、それはその子のほんの一面です。「園を安全な場所と捉えている？」「保育者に安心できている？」「夢中になっているあそびは？」など、保育がもともと大切にしている視点から育ちを見直すと、また違う姿やアプローチが見えてくるでしょう。

一方、気になる面だけでなくその子の魅力や愛らしさにこそ注目して、保育者同士で語り合ってほしいと思います。語り合いの中で、その子の思わぬ姿が見えてくることも多いものです。どの子にも保育が大切にしているまなざしを向けつつ、理解を深めていくことが重要です。

「その子」を大切にする保育

子どもへのまなざし

だれかと
比べるのではなく……

みきちゃんはもうはさみで
丸く切れるけど まさるちゃんは
なかなかできないな……

1回切りが
上手になって
きたな〜

その子自身の
成長を見つめて

まさるちゃん、いっぱい
切れて すごいね!

うん!

保育が
大切にしている
視点から

子どもの育ちの
捉え方

集まりに参加しない姿から……

お部屋が安心できなくて.
不安なのかな?

保育者の言っていることが
わかりづらい?

お外でやりたいあそびが
あるのかな?

魅力・愛らしさにこそ
注目!

まさるちゃんは虫博士

あ!
オニヤンマだ!

黒い体に
黄色の
シマシマ!

日本で
いちばん
大きい
トンボだよ

すごーい!

へぇ!

まさるちゃんの虫の知識は
大人顔負け!
いい顔してるね!

「障がい」の見方も参考に

「困っている」のはその子自身

　保育者は、気になる子の行動に「困ったなあ」と感じることがあるかもしれません。では、同じ場面を気になる子の側から見ると、どのような景色が広がるでしょうか？　実は、その場面で一番「困っている」のはその子自身なのです。この考え方に立つと、気になる行動は、「子どもの困り感が表現されている姿」と捉えることができます。

障がいからくる困り感

　では、その子は何に困っているのでしょうか？　その参考として、「障がい」の見方を活用してみてもよいかもしれません。「障がい」の見方とは、保育・子どもの視点からかけ離れた特別な視点ではありません。子どもが「何に困っているのか」を、私たちが「想像する」ための材料となる見方です。

　人は自分が体験していないことは想像しにくいものです。例えば、子どもの着替えを保育者が手伝っているときに「痛い！」と言ってくる場合、「（私は優しく触っているのだから）痛いわけがない」と思ってしまいそうです。しかし、右ページにも示したように、近年、いわゆる五感と呼ばれるものの感じ方が、人によってさまざまであることが明らかになってきています。これは、脳のどこかが関与していると考えられており、本人の努力ではいかんともしがたい部分です。すなわち本当に「痛い」のです。「私」の尺度だけで見てしまうと、子どもの真の訴えを聞き損じてしまい、すれ違う可能性が出てきます。

　また、情報の捉え方も人によってさまざまです。試験の勉強を思い出してください。テキストを下敷きで隠して見る、声に出す、ひたすら書く……自分の得意なスタイルがあったのではないでしょうか。子どもも同じです。「見る」「聞く」「動く」など、それぞれの得意な方法で保育者の発信を捉えています。日々の保育・子どもの視点をベースとして、私たちの想像力を補うものとして、「障がい」の見方を参考にするのも一つではないでしょうか。

「障がいからくる困り感」の例

聴覚の過敏さの例

大きな音などを不快に感じ、
その場にいることがつらい。

↓

無理をさせず、その場から離れる。

触覚の過敏さの例

冷たいものが皮膚や口に当たると
「痛い」と感じる。

↓

その子が苦痛でない温度で提供する。

言葉による指示の理解が難しい例

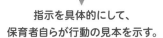

みんなに対する指示が理解できず、
どうしたらよいのかが分からない。

↓

指示を具体的にして、
保育者自らが行動の見本を示す。

持参する物が分からず、
次の行動に移れない。

↓

視覚的な手がかり（絵や写真など）を
用いて伝える。

多面的な視点・姿を大事にする

担任の視点プラスα

　気になる子を捉えようとするとき、担任の視点だけだと見方が限定的になってしまうことがあります。例えば、担任保育者はクラス運営を行う中で、ついその子の「気になる」部分に着目しがちです。そのため、「気になる」姿を別の角度から見てみたり、その子のもっている「良い面」や「魅力」に意識を向けたりすることが難しくなってしまう場合があるかもしれません。

　そんなとき、気になる子のことを同僚や先輩と積極的に話題にすると、また違う場面や姿に出会えたり、かかわり方や保育展開のヒントが得られたりするでしょう。角度を変えてその子自身やその子を含めた保育を見ることで、気になる子への思いや保育そのものの捉え方・進め方に関する考えが変化したり、違うかかわり方が見えてきたりもします。

さまざまな見方をつなげていく

　クラスの子どもたちに「みんなで一緒にやるにはどうしたらいいと思う？」と投げかけるのも、インクルーシブな保育展開の一つです。気になる子のことを理解しようと考え、ともに過ごすための知恵を出し合う過程で、子どもたちが保育者が思いもつかないようなアイディアを出してくれることも。それは、保育者がその子や周囲の子たちを想う気持ちが伝わる瞬間でもあります。

　また、巡回相談などで関係機関とつながり合う中でもさまざまな見方が得られますし、保護者からの情報も貴重です。保育の集団生活の中で見られるその子の姿とまた少し違う様子を耳にすることもあるかもしれませんが、思いもよらない姿に出会えたときこそ、「その子をより良く知る」ことにつながるのです。

　情報をつなぎ合わせてその子や保育を多面的に見ることが、「明日はあんなかかわりを」「あそびの環境をこのように整えてみよう」といった保育者自身の活力となり、それが保育に影響をもたらす良い循環へとつながっていくでしょう。

そういえば…

あら、めぐみちゃん

となりのクラスの先生が
めぐみちゃんが合奏の練習を
見に来たって言ってたな…

明日、
いろんな楽器で
あそべるコーナーを
用意してみようかな…

「私の見方」から、さまざまな見方へ

同僚や先輩の話

そうなんだ！

お気に入りのおもちゃを1つだけ
持ってOKと伝えたら
落ち着いたことがあったよ

これだけ
持っとく？

うん

クラスの子どもたちの
アイディア

それ楽しそう！

早く片づけた人が
勝ってゲームに
するのはどう？

ふむ
ふむ

さとしちゃんに
ついて……

ヤダヤダ
ヤダー！
ウワー!!

片づけの時間になると物を投げたり
大声を出したり……止めようとすると
泣いて暴れるし… どうしたら…

「担任の私」はこう思う

なるほど
…！

待てー!!

キャ

療育では気持ちの安定に
つながるよう、体をしっかりと
動かす時間を確保しています

関係機関の人からの話

お母さんの
サポートも
必要かも
しれない…

いいかげんに
しなさい!!

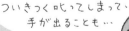

ついきつく叱ってしまって…
手が出ることも…

保護者からの話

継続して見て、見直していく

子どもの真の姿を捉える目を

　保育における援助や指導は、子どもの姿に応じて展開されるものです。ですから、保育者は子どもの「育ち」や「発達」に常にアンテナを張り、保育展開を考えていきたいものです。ただ、「発達」というと右肩上がりのものを想像し、「次は○○という（より良い）姿になるように」という期待をもって子どもを見る人も多いかもしれません。しかし、「発達」とはそういうものとは限りません。大小の波がある場合、時には子どもが見せる行動や姿を前に、時間が戻ったように感じることもあるでしょう。しかし保育者には、それも含めて目の前にいる子どもの姿を捉える目が求められます。そして、子どもの姿を捉えるときには、表に現れる「行動」だけではなく、その行動に関連する「状況」や「その子自身の思い」、「周囲のモノやヒトとの関係性」なども注視していきたいものです。そうすることにより、子どもの行動と保育との関連がより明確になり、次の保育を考えるヒントにつながっていきます。

　短期的な変化を求められると、私たちでも難しい・苦しいと感じることはないでしょうか。「少し様子を見てみる」といった、一見遠回りのように思えるまなざしが、実はその子が最も求めていたものだった、ということもあるかもしれません。

育ちを捉える記録を残す

　また、日々の子どもの姿を、なんらかの形で記録に残しておくことも大切です。特別支援教育では「個別の指導計画」「個別の教育支援計画」といった記録を丁寧に残すことが大切だと示されており、各自治体で書式が整っているところもあります。しかし、保育者の負担を考えると、今すでにある記録（週日案や日報など）を活用し、そこに気になる子の様子や保育者が挑戦してみた配慮や実践が残るように工夫するのも一つの手です。記録は、保育者が実践を整理する、保育者間で情報を共有する、過去の記録と照らし合わせてその子の育ちや保育者自身の考え・実践の変遷を確認できるのが利点です。

すでにある記録を活用した例

クラスの「月案」や「日々のあそびの記録」を活用して、気になる子の様子やそれに対する保育者の実践記録を残した例を紹介します。

ある4歳児クラスの月案（1月）から

1月のねがい
「興味が広がり、進んでやってみようとする。 失敗してもまた、頑張ってみようと思う」

		1週	2週
予定		8日始業日、9日個人面談、10日お弁当開始	
予想される姿		園生活を忘れていたり、不安がったりする姿がある。 探りながら一緒にあそぶ仲間やあそびを探す。 冬休みの話をする。	
ねらい		園生活を思い出す。 興味が広がり、進んでやってみようとする。 日本の文化に触れる。	
環境構成		かるたやすごろくを出す。すごろくは自分で作れるように、紙とさいころの用紙を用意しておく。	
よく見る	あゆちゃん	あそびやあそぶ友達を見つけられず、手持ちぶさたになるかもしれない。 ↑あゆちゃんを気にしてくれている様子のはるちゃんにつなぐ？	
	ノアちゃん	かるたやすごろくになじみがなく、戸惑うかもしれない。 ↑ノアちゃんの様子によっては個別にあそび方を説明する？ ノアちゃんの国の伝承あそびも調べてみよう。	
	こうたちゃん	身支度などを忘れているかもしれない。 ↑以前使っていた絵カードを見せると、スムーズに行動できた。久しぶりの園生活になじむまで、しばらくカードを使おう。	

> 特に配慮の必要な子について、その子の予想される姿や気に留めたい姿をここに記しておく。

> 姿に対する保育者のかかわりの工夫や配慮、その結果どうだったかという考察などを、赤字のメモ書きで残しておく。

日々のあそびの記録から

1月16日（火）
まきちゃん、ともちゃん、あみちゃんが泥団子作りに夢中になっていた。互いに形のいい団子・光る団子を作るにはどうしたらいいかを教え合っている。そのそばでゆうちゃんは泥団子を作らず、砂いじりをしていた。参加したい気持ちはあり、砂集めという形で参加していた？ 泥団子作りに入らない背景を探りたい。泥の感触が嫌？ どうやって仲間に入ったらいいかが分からない？……

> 「あそび」という切り口で子どもたちの姿を記録。そこに、気になる子の姿やそこから保育者が検討したことを少しずつでも記述しておくと、それが重要な成長の記録となる。

家庭での様子を参考にする

その子の理解を深めるヒントが家庭に

「多面的な視点・姿を大切にする」（28-29ページ）でも述べましたが、子どもをいろいろな角度から見て理解しようとするとき、家庭での様子を知ることは大変参考になります。もちろん、過ごす時間の長さや環境の違いがありますので、家庭から聞き取る姿はおそらく保育での姿とは異なるものでしょう。しかし、次のような点を知ることで、その子の行動の背景やかかわりを考えるヒントが得られるかもしれません。

- 保育者が捉えている面とは
  異なる姿を知る

- 家庭での工夫を知る

- 家族がその子にどのような思いを
  抱いているのかを知る

　家庭での様子を知るためには、どのような機会があるでしょうか。日常的なものとしては、送迎時の様子やそのときに交わす一言、連絡帳でのやり取りが挙げられます。また、年に数回行われる保護者会や保護者面談の機会なども考えられます。

　それぞれの場面については、右ページにまとめます。得られた情報をつなぎ合わせることで、子どもの姿がより豊かに見えてくることでしょう。

なおは
不安になると
1人になりたいみたいで

テントの中に
入ったり…

オイル時計を
眺めていたり
しますよ

大丈夫だよ

そばについていた
方がいいと思っていた
けど、なおちゃんは1人に
なりたかったのかも…

園でもパーティションで
区切ったスペースを作って
みようかな

オイル時計
も用意して
みよう！

保護者と接するさまざまな場面から

送迎時

送り迎えのときの保護者の表情や子どもへのかかわり方や言葉かけ、子どもの反応が、家庭での様子を想像するヒントになることがあります。また、そのときに保育者がかける一言はその場の状況から判断する場合もありますし、「今日は○○について聞いてみよう」と内容を意識して声をかけてみてもよいでしょう。

連絡帳

書いたものが残るので内容に気を遣う必要がありますが、その日の子どもの様子と絡めて家庭での様子をさりげなく尋ねてみるのも一つの方法です。

保護者会

例えば「自己紹介+α」で「子どもが家でよくあそぶもの」「最近の口ぐせやおもしろかった一言」など、子どもの家庭での様子が分かる話題を入れることで、思わぬ情報が得られるかもしれません。

面談

じっくりと本音が聞ける機会です。ただ、個別に聞くので、話しやすい雰囲気や場をつくり、保護者が思わず話したくなるようなやり取りを意識する必要があります。

「気になる子」の背景にあるものは？

集団場面で浮かび上がってきやすい子どもたち

保育では、一人一人を大切に日々の生活を進めていきます。一方、集団の中で子ども同士のかかわり合いを基盤に、いろいろな経験を積み重ねるのも保育の大事な視点です。22ページで述べたように、保育のあり方や保育者の見方で子どもの「気になり方」は変わってはきますが、「気になる子」と言われる子たちは、このような集団を基盤に行う保育には沿いにくい面──つまり集団での生活、子ども関係、言語理解や社会性の面でほかの子たちと何か違う特徴に保育者が気づいたとき、浮かび上がってくることが多いようです。

いずれにせよ、子どもの様子・状態・普段の行いには背景があり、気になる子の保育では、子どもの様子や言動からその背景を考え、保育を組み立てていく視点が重要になります。気になる子の背景には、大まかに次の3つが考えられます。

1

障がいと言われる状態・それに近い状態が背景にある

その子自身の生来からの特性を背景に、落ち着いて過ごせなかったり、集団に入りにくかったり、場面理解が難しかったりする特徴が、障がいの特性の影響によるものと考えられる場合です。保育者はその子の障がいの側面も踏まえたうえで、「うまくいかなくて困っているのはその子自身」と捉え、保育を見直していく必要があります。

2

家庭環境の影響が背景にある

子どもが家庭や保護者から受ける影響が、園生活の中で気になる姿として見えてくる場合です。本来は家庭で育まれてもよいはずの、「他者の思いに気づき、受け止める」「言葉や行動で相手に思いを伝える」「他者の意図や話を理解し、状況に沿って振る舞う」といった、人との関係性やコミュニケーションにおいて配慮が必要なことがあります。影響の元である家庭環境や親子関係もサポートする視点が必要になってきます。

3

外国の影響が背景にある

帰国子女も含め、外国の言語・文化・家庭環境の影響を受けている場合です。保育上、配慮が必要なことも出てくるでしょう。そのような家庭がどれくらいあるか、自治体の対応はどうかなど、地域にもよります。

「気になる子」の背景はこれらに限らず、複数の背景が重なっているケースもあります。
そのことを念頭に置きつつ、次ページからそれぞれについて詳しく見ていきましょう。

障がいのある子どもたち

生活のしにくさを捉える「ICFモデル」

　「気になる子」と呼ばれる子には、いわゆる障がいのある子が含まれることが言われます。障がいのある子とは、法律上「身体障がい」「知的障がい」「精神障がい（発達障がいの一部も含まれる）」に大きく分けることができます。

　障がいの「診断」は、それぞれの基準に則り医師が行います。例えば、知的障がいを診断する材料の一つに知能指数（IQ）を測る知能検査があり、IQ70が診断基準と言われています。しかし、IQ70と71の子の生活のしにくさは大きく変わるでしょうか……？

　そんな「人の生活のしにくさ」を捉える指標として、2001年にWHO（世界保健機構）が「国際生活機能分類（ICF）」を採択しました。このICFで大切にされているのは、「人の生活機能を左右するのは個人の要因だけでなく、その人を取り巻く環境も大きくかかわっている」という考え方です。つまり、その人を支え、力を引き出す適切な環境があれば、生活機能が向上し、障がいとして捉える必要がない状況もあり得るということ。人の生活機能にはさまざまな因子が関わっていて、それらが相互に作用し合う中で状況が変わってくるのです。

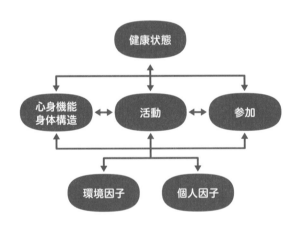

脳性麻痺のゆきちゃんの場合

　ゆきちゃんは脳性麻痺という「健康状態」。ここから2つの状況を想像してみます。

①左半身の特に上肢に麻痺がある（＝心身機能・身体構造）。折り紙などを行うときは左手が上手に使えず、保育者と仕上げることが多く（＝活動）、食事の当番活動には参加していない（＝参加）

②アイロンビーズに高い関心をもち、苦手な左手を懸命に使って取り組む姿が増えた（＝活動）。食事の当番活動では友達がゆきちゃんのペースに合わせてクロス引きをやったり、保育者に頼まれて自ら積極的に食器運びをしたりする中で（＝参加）、左手を自然に添える姿も見られるようになった（＝心身機能・身体構造）

同じ健康状態でまったく違う状況が生じるのには、②の3つの「環境因子」がかかわっています。

> ● 「本人の高い関心を引き出したアイロンビーズ」
> = 取り組む環境（難しさがより出やすい活動を行うか？ 本人の高い関心に基づいて活動が選べるか？）
>
> ● 「ゆきちゃんのペースに合わせてくれるペアの友だち」
> = 周囲の友達の存在（関心をもっている子がいるかどうか？）
>
> ● 「食器運びを頼む保育者」
> = 保育者の心持ち（できない存在と見るか？ できる存在と見るか？）と働きかけ（手伝うか？見守るか？）

この事例から2つのことが確認できます。一つは、「**障がいは個人だけで規定されるのではなく、周囲の環境と相まって考えられるもの**」という点。①では、あらかじめ左手を使わなくてはならない保育活動が設定されていること、当番活動への参加機会が設けられていないことなどから、ゆきちゃんが左手を自ら使おうとする場面が保障されず、さらにもっている難しさが浮き彫りになっています。

次に、「**状態は環境等の要因により良くも悪くもなる**」という点。あそび込めるもの、受け止めてくれる保育者や友達などの「環境」により意欲が引き出され、脳性麻痺ゆえの難しさ=「左手を使う」ことにも良い影響が及んでいることがそれを示しています。

このことは、ほかの障がいであっても、さらに言えば障がいがあってもなくても同じことが言えるのではないでしょうか。もちろん、視覚や聴覚、運動障がいなどの身体障がい、認知や記憶などにかかわる知的障がい、発達障がい（42ページ参照）などの精神障がいの診断には、それぞれの難しさに伴う一定の診断基準があります。しかし、保育においては、「○○障がいの基準に達しているかどうか」ではなく、その子のあそびが十分保障されているか、クラスや園に充実感をもって参加できているかなどを、モノやヒト、場などの環境と絡めて捉えていくことが大切です。

保育者の心持ちと
働きかけ

関心を引き出した
アイロンビーズ

関心をもってくれる
友達

これらがあったことで、ゆきちゃんは
生活しやすい状況に

家庭環境の影響を受ける子どもたち

子どもの生活や成長につながる問題

　乳幼児期の育ちには、親子・兄弟姉妹関係を含む生育環境が強く反映されるのは言うまでもありません。そして今、この家庭・家族関係自体が抱える課題は実にさまざまあり、子どもの育ちにいろいろな面で影響を与えています。例えば、地域で孤立して子育てをする境遇にある母子や父子の例、連れ子の子育てや家庭生活に向き合う再婚家庭の例、保護者の事故や病気、トラブルなどで家庭の経済状態の悪さが子育てに影響の出る例、さまざまな背景で十分な子育てができずいわゆる虐待のリスクを抱える例、居住環境や生活内容・リズムが子どもに悪影響を与えている例……など。**いずれも子どもの生活に、また心身の状態、行動・情緒面などに影響が出かねない要因と背景になりえます。**

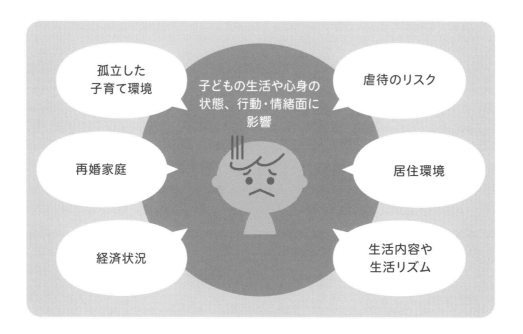

　家庭が抱える課題に保育者が直接何かをすることは難しいかもしれませんが、それでも両親や片方の親と話す時間はつくれるかもしれません。家庭を見守る態勢を継続するとともに、状況によっては、地域の福祉事務所や保健所などと連携する必要もあるでしょう。なんらかの家庭支援に努め、保護者が子育てに力を向けられるようサポートし、子どものための家庭環境が好転する道を探っていきたいものです。

エピソードから

子どもは大人の在りようを映し出す

みのるちゃんは、園でほかの子を
びくつかせるくらいの大声を出したり、
荒い言動をしたりして気になっていました。
みのるちゃんが登園するとほかの子はそわそわ。
周囲に大きな影響を与えていました。

本園は新年度の家庭訪問がなく、みのるちゃんの家庭の状況が把握できていなかったことと、
保護者と時間を取って話をする必要性を感じたことから、訪問を申し入れて行ってみると……。
みのるちゃんの家は4人家族と聞いていましたが、
実は親族も一緒に暮らす大家族の家庭であることが分かりました。
そして保育者は、その家庭ではみのるちゃんと同じ大声や荒い表現が
飛び交っていることに気づいたのです。
その後、みのるちゃんの園での姿をよく見ていると、実は女の子とあそぶのも好きだったり、
小さい子を優しく助けたりすることも分かってきました。
保育者は、みのるちゃんは本当はとても優しい子だけれど、
荒い言葉を吐いたり大声をあげたりするのは、家庭の影響もあるのかもしれないと考え、
園でどのようにかかわっていくとよいか、また、みのるちゃんの気になる姿を
家庭とどう共有していくとよいかを再検討することにしました。

外国にルーツのある
子どもたち

親子が園生活に安心感をもてるように

外国籍（ダブル国籍含む）の子、日本国籍だけれど両親もしくは片方の親が外国から来た子、帰国子女など、外国にルーツのある子を含めた保育に際しては、特に右のような点について意識することが大切です。

- 文化の違い
- 日本語の使用
- 家庭とのかかわり
- 周囲の家庭の理解

それぞれについて、保育の中でどのような取り組みができるかを考えてみましょう。

文化の違いについて

特定の食材を食べないなどの食習慣に関する内容を耳にすることが多いですが、文化差は個人や家庭のアイデンティティーにかかわるうえ、非常に繊細な内容を含んでいます。できれば保護者を含めた話し合いをして、どういう配慮を望んでいるか、それはどのように具体化できるのかなど話し合っておくとよいでしょう。

また、文化の違う国で、違う言語を話している子どもたちと集団生活を送る中で、その子なりに日々気を遣っている部分もあるのではないでしょうか。クラス環境にその国の文化を紹介するスペースを設けると、その子にとって少し安心できたり、周囲の子にとっては世界にふれるきっかけになったりするかもしれません。

日本語の使用について

子ども同士のあそびの中で自然に身につく子もいますが、一切日本語を使わない家庭の子はコミュニケーションに難しさを覚える場合も少なくありません。また、園によってはコミュニケーションの難しい子ども同士だけで関係性がつくられやすい状況もあるようです。そうなると特に感情が強く出る場面では自身の気持ちの調整が難しいうえに、その表現が周囲に伝わりにくい状況となるため、相当なフラストレーションにつながってしまいます。いろいろな子どもたちが一緒にあそべる機会を意図的に設けたり、その子の国の言語を一緒に覚えたりするなど、周囲の子がその子を自然と受け入れられる**クラスづくりにより、その子の居場所がつくられていく**ことが期待されます。

また場合によっては、イラストや写真などを使った目に見えるツールや、翻訳機能のあるAIを保育の中に取り入れることなどにより、コミュニケーションの壁が低くなる場合もあるかもしれません。

家庭とのかかわりについて

それぞれ難しさが異なるかもしれませんが、子どもを介してその子が園での時間を楽しんでいることが家庭に伝わったり、その子の魅力を保育者と保護者とで語り合うことを始点としてつながり合えたりすると、前向きに支え合うことができるのではないかと思います。

また、中には発達的な難しさも背景にあるのではないか、と考えられる子もいるかもしれません。難しいところですが、今まで述べてきたとおり、まず保育者がさまざまな方向から子どもを理解し支援を工夫する中で、その経過を丁寧に保護者に伝えていきつつ、保護者が保育者に心を開くタイミングを待つことが大切です。

周囲の家庭の理解について

保護者会などの機会を利用することも大切ですが、普段の送迎時などに近くにいる保護者にさりげなく紹介することなどを通し、子どもや家庭を知ってもらう機会をもつことも方法として考えられます。互いの子や家庭の接点をつくり出し、子どもや家庭が孤立しないように配慮したいものです。

発達障がいとは

「発達障害者支援法」（平成16年制定）により、「発達障がい」の言葉と見方が広まりました。脳機能の障がいで、保育現場において出会うことが多いのは、主に次の3つの障がいのある子どもたちではないでしょうか。「自閉症（アスペルガー症候群含む）」「注意欠陥多動性障がい（ADHD）」「学習障がい（LD）」です。

障がいのある子どもの就学に関する手引きである「教育支援資料」（文部科学省、平成25年）からの引用も用いながら説明します。

自閉症

「①他人との社会的関係の形成の困難さ、②言葉の発達の遅れ、③興味や関心が狭く特定のものにこだわることを特徴とする発達の障害である。その特徴は、3歳くらいまでに現れることが多いが、小学生年代まで問題が顕在しないこともある。中枢神経系に何らかの要因による機能不全があると推定されている」

自閉症には知的障がいを伴う場合と伴わない場合があり、後者は高機能自閉症と言われます。一部自閉症の特徴もありますが、比較的コミュニケーションの障がいが目立ちにくいアスペルガー症候群も知的障がいはありません。

自閉症の子には、「感覚知覚の過敏性や鈍感性、刺激の過剰選択性、知能テストの項目に著しいアンバランスが見られることがある」とも言われます（教育支援資料より）。このように子どもによって、音や光、皮膚感覚や味などの感覚が過敏、2つの内容の処理がうまくできない、聞くことより見て把握するほうが得意、などの特徴があります。

注意欠陥多動性障がい（ADHD）

「身の回りの特定のものに意識を集中させる脳の働きである注意力に様々な問題があり、又は、衝動的で落ち着きのない行動により、生活上、様々な困難に直面している状態」

集中できない、気がそれやすい（転導性）、何かあるとすぐ反応する（衝動性）、落ち着きなく動く（多動性）などの特徴があります。生活上では、忘れ物が多い、じっとできない、乱雑、カッとなる、ボール競技など即応的な運動調整が苦手、などが子どもによって見られます。

落ち着きのない子はよくいますが、日常で多く問題となること、また上の特徴がいくつも、複数の環境（場所）で当てはまる場合に可能性が検討されます。

学習障がい（LD）

「学習に必要な基礎的な能力のうち、一つないし複数の特定の能力についてなかなか習得できなかったり、うまく発揮することができなかったりすることによって、学習上、様々な困難に直面している状態」

自閉症やADHDと重なることもあります。知的障がいはありませんが、読む・書くだけができなかったり、算数だけができなかったりします。幼児期には絵が描けない、平仮名や数の理解がかなり弱いといった姿から気づかれたりしますが、学習上の問題として就学後から目立つ例が多いです。潜在的にこの難しさを抱えている子たちは数パーセントいると考えられています。

インターネットの診断項目などから素人判断することは避けましょう。専門医による診断がなされて初めて、発達障がいかどうかが分かります。

* 日本では、障がいの診断は医師が担います。医学的診断マニュアルは時代を追って更新され、その際に診断名やその基準が変化するため、障がいの診断・診断名も、医師の判断、背景となる専門領域等で異なるのが現実です。さらに子どもの状態も変化するので、発達障がいの具体的な診断名が変化することもあるようです。

Part 3

インクルーシブな
クラスづくり

さまざまな園の事例を通して、
保育者や園ができるインクルーシブな対応とは
どのようなものなのか、見ていきましょう。

インクルーシブなクラス運営とは？

個と集団の考え方

　個と集団の両立──。クラス運営をするときに、保育者が常に気を遣っているところではないでしょうか。ここでは個と集団のどちらも大切にするために、「居場所づくり」「あそびの保障」「互いを知る機会」「つながりを支える」という視点から、インクルーシブなクラス運営を考えてみたいと思います。

　実際の園の保育の事例は、46-105ページをご覧ください。

居場所づくり

　まず考えたいのは、一人一人が園やクラスに居場所があるかどうかです。私たちも、職場や家庭などに自分の居場所を感じるからこそ、自分を出せ、「○○をやってみよう」という気持ちになるのでしょう。知らない場所や心の落ち着かない所であれば、そこにいる不安やストレスで、何かを考える余裕は生まれません。

　園やクラスになじめず、落ち着かない子に対しては、一日の生活や活動の流れを見通せるようにする、一人一人の好きな場所、物、人を保育の中で保障する、などの試行錯誤を通して、その子自身が「このクラス（園）は安心できる所」と感じられるようにすることが大切です。

あそびの保障

　次に考えたいのは「一人一人のあそびが保障されているかどうか（保育の中で子どもにとっての楽しみが担保されているかどうか）」です。保育では、あそびを通した総合的な学びを提供します。素材や遊具を駆使して製作を楽しむ、仲間と思いきり体を動かす、友達とのかかわりを楽しむなど、楽しみ方は個々によって異なりますが、あそびの充実は園生活そのものの満足度にかかわり、クラス全体の雰囲気にも大きく影響を及ぼします。

　個々のあそびが充実していないと、ざわついた雰囲気になったり、特定の子に攻撃的になったりするなど、クラス全体がマイナスの循環に陥ることがあります。一人一人がより良くあそび込める環境を整えることは、インクルーシブなクラス運営に不可欠です。

互いを知る機会

一人一人のあそびや保育の充実が図られる中で、さらに考えたいのは、子ども同士が「互いを知る機会を設けること」です。自由あそびの場面では、一人あそびに没頭し、他児とかかわる機会が少なくなる子や、他児とかかわることが難しく関係を築きづらい子も見られます。周囲の子たちは、自分の知識や経験からそのような子を「一緒にあそべない子」とマイナスイメージで捉えるので、関係はさらに築きづらくなります。

インクルーシブな保育では、違いを認め合えること、互いを尊重する関係をめざします。そのため保育者は、周囲の子が捉えているその子の姿とは別な側面にも目が向けられるように、その子の得意なことやおもしろさを伝えるなど、意図的に働きかけることが重要です。例えば、孤立しがちな子と保育者が楽しくあそんでいるところに周囲の子も巻き込む、振り返りの時間にその子のあそびを意図的に取り上げる、などの方法が考えられます。

つながりを支える

子ども同士がつながろうと思ったとき、自然とつながり合える場合もありますが、うまくいかない場合もあります。そのようなとき保育者は、状況を見ながらかかわりつつ、子どもたちのつながりを支えていくことが必要となります。

例えば、言い争いなどのいざこざの場面では、つい「どうしたらよいか」を示したくなりますが、少し様子を見て、子どもたちに委ねてみるほうがつながりを深めることもあります。ぶつかり合うことで、相手を知ろうとする子もいますし、あそびの中で同じ動きを共有する中で、楽しい時間を共有した相手として捉える姿もあります。

保育者が子ども同士がかかわる機会を十分につくる（かかわりを生む環境をつくる）ことで、クラス全体の雰囲気は変わっていくのです。

目が合わず、
人への興味がない
Ｊちゃん

 ## 気になる姿

基本情報

４歳児男児。父親、母親、兄、弟との５人家族。３歳児、４月入園。自閉症との診断を受け、３歳児１月から療育センターに通っている。

　入園前の10月に相談を受ける（療育センターの予約前）。３歳児、４月からの入園を希望。発語がない、家の中をウロウロするだけ、といった家庭での状況を聞く。１歳児の弟がいる事情も考慮し、園生活が有益と判断され、入園に至った。

　入園当初は、目が合わず、クラスの友達はもちろん、大人にも興味・関心がなかった。やって良いことと悪いこと、危険なことなどの認識がなく、気になるもの、目に入ったものを突発的に手に取って、あそんでいた。

ココで考えたいこと

落ち着く場所がなく、不安

　家庭養育も不安で園を頼って来たケース。３歳児入園で、自閉症の特性があり、人とのかかわりも薄く、集団生活も初めて。場所や人、環境に慣れない条件がたくさんです。案の定、気の赴くままに行動して落ち着かないＪちゃん。どの子も入園してすぐは本調子ではありませんが、Ｊちゃんはそれが何倍も強いと思わなければなりません。多くの子は周囲が見えてきて、人がわかって、落ち着ける場所が見つかると安定します。Ｊちゃんも同じ経路をたどるはず。ただし、驚くことをしそうなので、大騒ぎせず、放っておかず、けがをしないようにかかわり、楽しめるような保育を……。保育者の力の見せどころです。

子どもの様子と園の対応

3歳児
4月〜7月

見守るだけで精一杯!?

　保育者ともコミュニケーションがとれず、名前を呼んでも反応が薄いJちゃん。上履きを嫌がり、はだしで保育室を走り回り、走りざまに棚の物を落としています。運動神経がいいので、突然高い所に登り、ドアの開閉などを繰り返すことも。周りの子は驚いていましたが、他児への興味はなく、一人あそびをしています。

　そのような姿に、入園当初は本人の興味のあるものがわからず、ひたすら後を追い、Jちゃんや周りの子がけがをしないようにすることで精一杯でした。危険なことを言葉で伝えるだけでは届かないため、危険な場所が視覚的にわかるように「×」表示をしました。しかし、あまり変化はなかったので、その都度声をかけていくことを大切にしていきました。

Jちゃんとどうかかわろう?

　Jちゃんとかかわる中で、ある保育者が、Jちゃんは、子どもが大勢いるにぎやかな場所では落ち着かず、気が立ってしまうこと、保育室より静かな事務室や、預かり保育室に行きたがることに気づきました。母子通園をしてもらい、フリー保育者と自由にあそんでいましたが、Jちゃんは集団生活や生活習慣を身につけるのはまだ難しいため、無理をせず、まずは園に慣れることを第一に、好きなことやあそびが存分に行える環境を整えました。

3歳児
9月〜12月

Jちゃんに少し近づけた?

　この頃になると、自分のそばにはいつも大人がいることに気づき、大人への興味が出てきました。「こっちに来て」と担任やフリー保育者の手を引っ張るなど、人も選んでいます。そこで、保育者間でその姿について話し合い、共通理解し、必要時に交代でかかわれるよう連携をとりました。

　積み木やブランコが好きなこともわかってきて、集中してあそんでいます。また、帰りの集まりにはフリー保育者と一緒に座って参加するなど、落ち着いて過ごす時間も増えてきました。クラスの活動の際は必ず声をかけていたところ、「片づけ」「お弁当」「帰るよ」には、反応を示すようになりました。思いどおりにいかないときは、手を出したり泣いたりしますが、楽しいときは笑う、ときたま目が合うなどの変化が見られ、表情や表現が少しずつ豊かになってきました。

> **保育者の
> おもい**
>
> 　ブランコあそびのときは季節の移ろいなどを言葉にしつつ、Jちゃんの世界を見守る時間をもつようにした。Jちゃんの意に添えず怒らせてしまったときは、気持ちを受け止めていることを伝えるため、謝る言葉をかけた。

要求とともに言葉や声が出てくる

　好きな保育者とのあそびには落ち着きが出てきたJちゃん。ままごとあそびでもやり取りが増え、保育者と片づけもするように。また、あそびを楽しむ中で、意識的に言葉かけをするよう心がけていたところ、ブランコを揺らす数をかぞえるようになりました。最初は数のほかは「あー」などと言うだけでしたが、ブランコで「押してほしいときは、『押して』って言うのよ」と伝えると、やや不明瞭ながらも「押して！」と言い、言葉の意味は理解しきれないものの、次第に言葉や声でのやり取りをするようになってきました。

こだわりが「人」から「モノ・コト」へ

　進級したJちゃん。相変わらずかかわる保育者は選び、他児とのかかわりはありません。「モノ・コト」へのこだわりは強くなり、毎日決まった物や場所（排水口、電機スイッチ、トイレなど）であそび、保育者の思うあそびに誘っても興味をもつことは少なく、危険な行動も多いので、難しさを感じていました。

　そこで、少しでも意思疎通を図ろうと療育センターの指導を基に、家庭で使っているという絵カードと言葉かけで、互いの意思を視覚的に伝え合うようにしてみました。すると、「おしまい」などを理解し、受け入れらないと怒り、好きなことを続けられるときには笑顔が見られました。Jちゃんの感情を受け止めやすくなり、保育者も意思を伝えやすくなりました。

かかわりによって変わってきたJちゃん

　1学期と変わらず、自分の世界でやりたいことをしていますが、最近は保育者の反応を楽しんでいるのを感じます。特定の保育者への固執もほぼなくなり、一緒にいる保育者だけでなく、その場にいる保育者みんなの表情をよく見るようになり、目が合うとにっこりしてくれることも。制止されると、キーッと怒り、引っかいたりすることはありますが、切り替えが早くなり、興味が次に移っていくことが増えています。

　うれしかったのは、運動会の行進やダンスの際に保護者やクラスの友達と手をつないで（保育者は近くから声をかける）参加できたことです。Jちゃんは笑顔でダンスの中でジャンプし、音楽やリズムを楽しむ姿がありました。

> **保育者のおもい**
>
> 　ダンスの音楽はJちゃんも好きだったので、家庭でも曲を聞いてもらえるように録音して、保護者に渡した。普段はまだ、他児と楽しさを共有することは難しいが、円になって踊れた経験は、他児を意識するうえで大きな一歩になったと思う。

保育を振り返って

　これまでの生活を通して、Jちゃんと保育者との関係性はかなり築けてきたと感じています。Jちゃんの他児への興味は薄いですが、クラスの子たちは、保育者を介して、Jちゃんのしていることに興味をもち、一緒にあそぶこともあります。Jちゃんにとってもクラスの子たちにとっても、心地よく感じる経験を通して、関係性を育みたいと考えています。

　Jちゃんの興味が変化し、よりこだわりが強くなる中、自分のやりたいことを納得するまで行うことも大事です（他児にじゃまされることはまだ受け入れられません）。ただJちゃんの興味は、保育者にとっては困ることも多く、それを行うことを他児にどう伝えていくのかは課題で、日々悩んでいます。園生活はまだ続くので、今は保育者とJちゃんとの関係性を深め、Jちゃんのあそびを深める時期と考え、焦らずにいきたいと思っています。

インクルーシブな対応

Point 1

「集団生活だから」ではない
かかわりを考えて

執筆／広瀬由紀

静かな部屋
だと集中できるね

つみき

　入園当初、Jちゃんが見せるさまざまな行動に、保育者は戸惑いが強かったようです。しかし、園では一貫して、Jちゃん自身の行動をあまり制限せず、保育者の配置を工夫し、様子をよく観察して、そこから好きなものや変化を読み取ろうとしています。子どもが見せる姿には意味がある、「"集団"へどのように合わせるか」ではない視点で子どもとのかかわりを考える、というのは、インクルーシブな保育を考えるうえで大切にしていきたい内容です。入園当初は予想もつかなかったようですが、安心できる保育者のもと、好きなあそびを存分に楽しめる環境の中で、Jちゃんの関心は人・モノ・コトへと大きく広がりました。

Point 2

あそびの中でかかわり、
自然な関係性をつくる

執筆／太田俊己

　入園して1年半後。運動会に友達と手をつないで参加したJちゃん。Jちゃんが園生活を良いものと受け止めた証でしょう。Jちゃんにとって好きなあそび（園にとっては困ったいたずら？）ができれば、楽しいときが増えます。その中で大人とのかかわりが増えてくると、子ども同士のかかわりが薄いケースでも、人とのかかわり方を覚えてきて、自然と子ども同士の関係にも広がります。

　子どもが自分から始めることをまずは大人が受け止め、丹念にかかわると、信頼と落ち着く関係を底に置いた自然な関係性ができていきます。その関係が、その後の子どもとの関係の基盤になるのです。

いろいろなことに こだわりをもつ Dちゃん

🔺 気になる姿

基本情報

4歳児男児。父親、母親、兄、2歳の妹との5人家族。3歳児、4月入園。生後半年で、「外水頭症」と診断を受ける。2歳半のときに発語がないことから療育センターに通いはじめ、現在も週2回通っている。園では異年齢クラスで生活している。

　Dちゃんは入園当初、発語はほとんどなかった。「ママ、お迎えに来たよ」と声をかけると、門の方を見るなど、生活の中のことはある程度理解しているように感じた。言葉でのコミュニケーションがとれず、登園するとかばんも下ろさずに動物を見ているなど、好きな場所で、1人で過ごすことが多い。保育者が声をかけても靴や上着を脱ぐことも嫌がっていた。また、初めての場所や初めてのことが苦手で、声をあげたりすることが多い。好きなビー玉でも青だけを集める。自分で決めたことがそのとおりにならないと泣いて嫌がる。音に敏感で、大きな音や聞き慣れない音には耳をふさぐこともある。

ココで考えたいこと

少し先を見通すのが苦手

　Dちゃんは「少し先」を見通すことが苦手なようです。初めての場所で起きることや、靴などを脱いだ後のことがわからないから、とても不安に感じて、抵抗したり嫌がったりしているのかもしれません。

感覚が人より敏感なところがある

　大きな音や聞き慣れない音が、とても不快なようです。また、同じ色のビー玉だけを集める姿は、ほかの色が混ざることへ抵抗があるようにも映ります。好きな場所に1人でいることも、ざわざわした雰囲気や音から離れたいのでしょう。

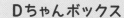

子どもの様子と園の対応

3歳児 4月～8月

サインを使ったコミュニケーション

　Dちゃんから思いや意思を伝えてもらうために、保護者から家で使っているサインを教えてもらい、園でも「"トイレ"行く?」などと、お弁当前や降園時など決まった場面で使うようにしました。すると、通じることがわかったのか、担任の保育者に"トイレ"と伝えてから行くようになり、おむつに排せつをしたときには鼻をつまみ、"くさいくさい"と教えに来るようになりました。

物を使ったコミュニケーション

　ほかの子どもたちは、登園すると自分のロッカーにかばんを置いてからあそんでいるのですが、Dちゃんは、なかなか下ろそうとしません。そこで、クラスの前のテラスにDちゃんの好きな車の絵をはった箱(Dちゃんボックス)を置き、「Dちゃんのかばん、ここに置こう」と伝えながら入れてみました。はじめは「んー」とかばんを取ろうとしましたが、「ここで待ってて、だよ」と言うと、納得したのか、かばんを置いたままあそびはじめました。これを何日か繰り返すと、かばんだけではなく、ほかの荷物も箱に入れるようになりました。

> ### Dちゃんボックス
>
> 　布をはった段ボール箱に、Dちゃんの好きな車の絵をはった物入れ。クラスの入り口のテラスに置いておくことで、Dちゃんがかばんを置いてあそべるようにした。

3歳児 9月～12月

友達とつながるために

　お弁当の時間になって他児が準備を始めると、庭であそんでいるDちゃんを呼びに行きます。初めは保育者だけが呼びに行っていましたが、異年齢クラスなので、ある日グループのリーダーの5歳児Mちゃんと一緒に、「Dちゃん、"お弁当"食べよう」と2人でサインを使って、誘いに行きました。誘ってもすぐには入室しないDちゃんでしたが、お弁当を食べはじめると、"おいしい"と頬をたたいて、保育者やMちゃんに伝える姿が見られました。その姿を見たMちゃんは、「うちの妹も言っただけじゃ来ないけど、おもちゃ見せると来るんだよね。お弁当の中身を見せるといいのかも」と言い、次の日は、Dちゃんのお弁当箱を開け、「今日も卵焼き入ってるよ」と見せました。Dちゃんが来ると「ほらね」と得意げでした。

おいしいんだね

「Dちゃんボックス」を活用！？

3歳児 9月〜12月

「Dちゃんボックス」に、Dちゃんがかばんを入れるのを見ていた同じクラスのKちゃん。「Dちゃん、どうしてその箱に入れるの？」と聞いてきたため、担任は「Dちゃん、園に来たらすぐにあそびたいから、ロッカーまで行かないで、Dちゃんボックスに入れることにしたの」と答えました。ボックスの存在をクラスの仲間が知るようになると、Dちゃんが脱いだ靴下や落ちていたハンカチなど、Dちゃんの物を「Dちゃんボックスに入れておくよ」とみんなが伝えてくれるようになりました。また、Dちゃんが、かばんを掛けたままあそんでいると、「Dちゃんボックスに入れに行こう」と誘う姿も見られるようになりました。

保育者のおもい

Dちゃんの思いを、クラスの子どもたちにも伝えるために、サインや物を媒介にしたことがコミュニケーションのきっかけになった。クラスの子どもからDちゃんに声をかけたり、Dちゃんからも他児にかかわったりすることができ、相手に伝えたい気持ちの芽生えにつながったのではないかと思われる。

友達の好きなことに寄り添う

3歳児 1月〜3月

お弁当を食べた後は毎日、担任が子どもたちに絵本の読み聞かせをします。Dちゃんは、みんなと一緒に絵本を楽しむのが難しかったため、担任と1対1で、Dちゃんの好きな絵本を読むことを繰り返していました。3学期になり、Dちゃんと担任のやり取りを見ていた3歳児のAちゃんが、そばで一緒に絵本を見るようになりました。Dちゃんが、バルンくんという名前の車が出てくる場面で毎回指さしをして、「ば、ば」と言うのを見ていて、「Dちゃん、バルンくんのこと、好きなんだね」と担任に話しかけました。「そうね、バルンくんが出てくると、Dちゃんが『ば、ば』って言うのよね」と返すと、次の日から、その場面になると、「Dちゃん、バルンくんだよ」とAちゃんからも言うようになりました。

通じ合って楽しむ

はじめは、Aちゃんの言葉に反応しなかったDちゃんでしたが、Aちゃんが、「バルンくんの本だよ」とDちゃんに絵本を持って来てくれるようになりました。そうして2週間くらいたったとき、Dちゃんが毎日隣で見ているAちゃんの顔を見るようになり、1か月ほど繰り返すうちに、Aちゃんのことを認めたようで、絵本をめくり、そのページになるとAちゃんの顔をのぞき込み、「ば、ば」と伝える姿が見られるようになったのです。

保育を振り返って

「みんなと一緒にはできない」「Dちゃん自身もやらない」というスタートでしたが、無理に他児に合わせることはせず、Dちゃんのペースで園生活を進めていくことにしました。その中で徐々にDちゃん、保育者、友達が一緒に過ごすかかわりが生まれました。クラスの子どもたちにとっては、言葉でのコミュニケーションがとれないDちゃんと通じ合えた喜びが、自信となっていったと思います。

今は4歳児クラスに進級したDちゃんですが、まだまだこだわる場面が多々あります。今後も仲間や保育者とのかかわりの中で、ともに園生活を楽しめるように過ごしていきたいと思います。

インクルーシブな対応

CASE 2

いろいろなことに
こだわりをもつDちゃん

Point 1

「一人一人違う」という視点をもって

執筆／広瀬由紀

　Dちゃんは、朝の支度をみんなと同じように行うことは難しいようです。そのとき、保育者は「なぜ（みんなと同じように）できないのか？」という視点ではなく、「Dちゃんにとっての『支度』とは？」「どうしたら『Dちゃんらしく』支度ができるか」という視点で考え、Dちゃんボックスを活用しはじめます。子どもによって支度の仕方が違っていてもよいのかもしれないと考えたのです。一方、子どもたちは当然その状況を不思議に思い、「どうして？」と投げかけます。保育者は、質問した子を受け止め、Dちゃんの立場に立って丁寧に答えています。こうした保育者の姿勢が周囲に伝わっていき、Dちゃんとのかかわりを生む姿につながったのです。

Dちゃんの入れておくね

Point 2

安全基地をつくり、友達と同じ経験を積み重ねる

執筆／太田俊己

トイレ、行く？

　私たちが何かにこだわるときってどんなときでしょう。たぶん気持ちが固く、ほぐれていないときでは？　入園当初のDちゃんもそうでした。保育者がDちゃんボックスを作ったことで、落ち着いて出発できたのです。このようにこだわりのある子には、何か安全基地があるとよいようです。

　そして一方通行だったDちゃんも、同じ絵本を通して友達と通じるきっかけができました。おもしろい、楽しい、大変、悲しいなどの体験を一緒にすると、子ども同士のかかわりや心の通い合いへと発展します。体験の機会がたくさんあること、それをつくること、そこで生まれる子ども同士の関係を見守り、一緒に喜ぶ保育者が、育ち合える子どもたちを育みます。

友達との
かかわりが
うまくいかない
Nちゃん

気になる姿

基本情報

5歳児男児。父親と母親との3人家族。3歳児で入園。発達障がいのほか、知的な遅れがあり、地域の支援センターに通っている。

　Nちゃんは3歳児7人、4歳児10人、5歳児10人の異年齢クラスに在籍。生活習慣的なことは、ほぼ自分で行う。しかし、自分の興味・関心の世界で過ごすことが多く、日々の流れが変わり、自分の思い描いていることと違うと不安になり、「どうして?」「なんで?」と聞き直したり、泣いたりしてしまうことがある。5歳児になり、自分の思いを保育者や友達に伝えはじめたが、言葉が足りず相手に伝わらないことや、かかわり方がわからずにトラブルになってしまう姿が見られるようになってきた。

ココで考えたいこと

何かを「イメージする」ことが苦手

　生活習慣的なものはほぼ自立していて、自分の興味・関心の世界では楽しく過ごせるNちゃん。一方で、自分ではイメージできない状況になると、頭の中にある経験や知識では現状を理解できなくなってしまうので、不安が高まってしまうようです。

友達とのかかわり方がわからない

　友達とのトラブルが多いのは、目に見えない「気持ち」をイメージするのが難しいからではないでしょうか。また、どのように友達と距離感をとるのか、どのように表情を読み取るのか、力加減は、などについても、わからず困っているのかもしれません。

なんでー?

天気がいいからお散歩に…

子どもの様子と園の対応

Nちゃんの興味を生かした園外保育

5歳児 4月〜

　4月当初、迷路や地図に関心をもち、何枚も描いていたNちゃん。この興味・関心をクラス活動に生かし、仲間とかかわるきっかけにしたいと思いました。そこで、地図を使い、9人グループで、園外に買い物に行く活動を提案。担任が地図を用意すると、子どもたちはうれしそうに手に取り、グループの友達と園外保育について話し合っていました。

　園外保育当日、子どもたちは地図を頼りに探検するかのように空想を楽しみ、話し合いながら歩いています。でもNちゃんは、「ここは〜の所？」などと担任に尋ね、地図と実際に歩いている道を几帳面に合わせることに終始し、ほかの友達と楽しみを共有することはありませんでした。

みんなに伝えたい思いを捉えて

5歳児 5月〜

　休み明け、Nちゃんは登園するなり、自分から、家族と行ったキャンプの話を始めました。その明るい声に思いを寄せ「楽しそうね」と言葉をかけると、経験したことを絵に描き出しました。絵にはペグで留めたテント、たき火での調理などが細かく描かれ、楽しさが手に取るように伝わってきました。普段とは違うNちゃんの生き生きした様子に、周りの友達にもキャンプの様子を伝えたいのではと思い、話しやすい場をつくることにしました。5歳児に声をかけ、コーナーあそびの場にNちゃんの絵を一緒に飾り、そのそばに話をする場を設けました。すると、「キャンプでテントを張ったんだよ。ここは肉を焼く網」と説明するNちゃん。具体的な話を聞いた子どもたちも、それぞれに自分の経験を話しはじめました。

「わくわく感」を共有

5歳児 5月下旬〜

　コーナーあそびでの様子から、キャンプは、クラスみんなで共有できるのではないかと思い、毎年6月に5歳児のみで行っている「地域探検」を、園内でのキャンプ料理作りに変更しました。1週間くらい前から準備を始め、かまどやキャンプの基地（布を張ってテント代わりにした）作り、薪割りや料理の相談などをNちゃんもみんなと一緒にはりきってしていました。

　当日は子どもたちと食材を買いに行き、園庭でたき火をして、カレーとサラダ作りを楽しみました。キャンプごっこはその後も続き、Nちゃんからほかの子どもたちに話しかける姿も見られ、仲間と「わくわく感」を共有しているようでした。

> **保育者のおもい**
>
> 　5歳児の「地域探検」は身近な地域に仲間と目的をもって出かけたり、買い物をしたりする園外保育。新しく同じクラスになった友達とわくわくする体験を共有し、互いを知ることを目的にしている。このときは、目的が同じであれば活動は変わってもよいという判断をし、キャンプ料理作りに変更した。

突然あそびを壊して……

7月末、5歳児のお泊まり保育目前、5歳児の仲間と共同画を楽しんでいたはずのNちゃん。突然紙をぐちゃぐちゃにし、にやにやしながら床にクレヨンで描き出しました。そのうえ嫌がる仲間のクレヨンを取り上げはじめたので、とうとう同じグループのFちゃんが泣き出してしまいました。あっけにとられる子どもたちでしたが、われに返ると「Nちゃん、ぐちゃぐちゃにするの、やめて」「謝らない人が悪いんだよ。笑わないで！」「謝らないと嫌われるよ」などと、Nちゃんに今まで言えなかった気持ちが噴き出し、ぶつけてしまいました。けれど言われたNちゃんは、みんなが怒っている気持ちがわからないといった表情でした。

本気で向き合い、あふれ出した思い

別の部屋に移動し、園長は「みんなが、Nちゃんがひかり組にいるのは、もう嫌だって言っているよ。ほかのクラスに行こうか？」と静かに話しました。するとNちゃんは泣き出し、ふざけてしまったが、本当はキャンプごっこがしたい、クラスのみんなと一緒にいたい、何が悪かったのか、と話したそうです。

その後、園長と保育室に戻ったNちゃんは、みんなに「ごめんね。ひかり組に入れて」と言いました。園長に「何がごめんなの？」と聞かれると、「だってNが絵、ぐちゃぐちゃにした」と泣きながら話したので、子どもたちもその言葉に聞き入りました。「みんなと仲良くなりたいけれど、どうやってあそんだらいいのかわからなかったのかな」と担任がNちゃんの言葉を補うと、子どもたちは、Nちゃんの思いを冷静に受け止めはじめ、「ほんとはみんなとあそびたいと思う」「ずっと、キャンプごっこしたいって言ってた」「キャンプごっこや紙鉄砲大会をしたらいい」など、どうすれば仲良くできるのかを子どもたちなりに考えはじめました。

保育者のおもい

キャンプごっこが終わり、仲間と一緒にするあそびがなく、満たされない気持ちが表れたのだと思う。このとき保育者は、子どもたちには「自分の思いを直接ぶつけてほしい」と思い、子どもたちの言い合いの間、介入せず見守っていた。しかし、6月にも同じようなことが起きていたので、園全体で考えるべき出来事だと判断し、園長に助けを求め、園長がNちゃんと1対1で話すことになった。

ごめんね

保育を振り返って

普段はおとなしく、友達に思いを伝える姿がほとんどないNちゃんは、好きな友達とのかかわりが難しくなっていました。新しいクラスで仲間と何を通してつながれるだろうかと考え、以下のことを大切にして保育をしました。
①興味・関心に寄り添い、つぶやきやおもしろさに共感する。
②身近なテーマや、わくわくした体験の共有を通して、友達とのあそびをつなげる。

③担任一人で抱え込まずに、クラス担任間や園全体で悩みを共有する。
④子どもたちの間に起きた問題にきちんと時間を割いて向き合い、子ども同士が思いをぶつけ合い、受け止め合えるようにする。
⑤保護者にも子どもの思いを伝え、共有する。
特に⑤については、クラスの子どもたちの姿を認め、保護者同士も支え合う姿が生まれ、仲間づくりの力となりました。

Point 1

かかわりを生むには
相手を知ることから

執筆／**広瀬由紀**

　仲間の行っているあそびや活動にNちゃんを誘うのも一つですが、このケースはNちゃんの関心や経験をクラスの活動に取り込み、周囲の子どもたちを巻き込む形で保育を展開しています。保育者が意図的に活動を展開したので、周囲の子どもたちは自然にNちゃんの関心事を知り、接点ができました。「かかわり」を生むには、その相手を「知る」ことが大切です。

　クレヨンの件でトラブルになったとき、大人がなんらかの結論をもち出してその場を収めるのではなく、一人一人がしっかり自分の気持ちを出し、一方でNちゃんの気持ちも園長先生が聞き取り、みんなへ伝わるようにしたことで、対等に向き合うきっかけになったのでしょう。

Point 2

クラスの友達と育ち合える
体験を

執筆／**太田俊己**

　どの子も友達との良い関係を願っています。これは知的な遅れもあるNちゃんも同じ。良い関係ができてきたと思った矢先、Nちゃんは友達に意地悪をします。Nちゃんに反省を迫る園長先生。反省とともに、みんなとあそびたかったというNちゃんの本音が出てきます。「Nちゃんにはコミュニケーションの障がいがあるんだから」と考えがちですが、子どもの思いを知る最大の努力をしたいですね。

　良い関係の基盤は、友達との良い体験。できれば意地悪をしてしまう前に、Nちゃんにはもっと良い体験が必要と気づくとよかったかもしれません。みんなとあそびたいというNちゃんの本音を知り、子どもたちが考えはじめたのは何よりでした。この子たちもNちゃんとの体験があったから、かかわりの中でさらに成長していくのです。

気持ちの
切り替えが
難しいEちゃん

気になる姿

基本情報

5歳児男児。父親、母親、妹との4人家族。3歳児で入園。4歳児の秋、自閉症との診断を受ける。5歳児から週1回、療育センターに通っている。

　Eちゃんは入園まで同年齢の子とかかわったことがなく、無言で他児にぶつかって歩く、周りに人が来ると急に押すといった姿が多く見られた。3歳児12月のお母さんとの面談で、「発達障がいではないか」と相談を受けたため、療育センターや子育て相談の活用を伝えたところ、4歳児進級に向けて役所へ相談に行き、専門機関を受診。自閉症との診断を受けた。「先生、見て見て」「こっち来て」といった注目の欲求が高く、わかってもらえていると感じることで安定する。5歳児になり、自分の思いを伝えられるようになってきているが、思いどおりにならないとかんしゃくを起こす。

ココで考えたいこと

注目に対する欲求が強い

　周囲のいろいろなことの受け止め（認知）が特有なのが自閉症。発信も上手にできません。それゆえ、強いこだわりがある、というのは自閉症の特徴的な姿といわれます。うまく行動できずイライラし、かんしゃくも起きます。

　Eちゃんの注目に対する欲求の強さを、自閉症のこだわりと見る視点が生まれますが、一方で、「褒められ好きで質問好きな、子どもらしいEちゃん」と見る視点も「保育の視点」として必ずもちたいものです。保育で大事にしたいのどかな時間や子どもとの信頼関係も、そんな保育の視点から生まれるからです。

子どもの様子と園の対応

4歳児
6月～8月

フリー保育者の協力で友達関係をつなぐ

　6月中旬から落ち着かず、嫌なことがあるとかんしゃくを起こす、クラスの誕生会の質問コーナーで、「質問タイム」に自分が選ばれないと泣いて怒るなどの行動が目立ってきました。フリー保育者一人についてもらい、友達との距離感がつかめないときに互いの気持ちや状況を説明してもらい、友達関係をつくれるようにしました。

4歳児
9月～10月

「はなまる」でやり取りを視覚的に

　褒められることが好きで文字も読めるEちゃん。9月下旬から、かっこよかったときや人に優しくできたときに、担任のメモ帳に「はなまる」を付けて見せることにしました。はじめは「今日は何個もらえるかな」とやり取りをしながら、やる気につなげていきました。その後、Eちゃんがノートを持参したので、ノートに1日の流れを黒字で書き、活動ごとに赤字で「はなまる」を付けました。約束事は活動の前に伝え、青字でその場で書き、Eちゃんが意識できるようにしたのです。

　例えば「お誕生会のときには（質問タイムに指名されなくても）プンプンしない」と青字で書くと、誕生会直前まではノートを見て「プンプンしない」と答えてくれました。ただ実際には指名されず、かんしゃくを起こしてしまいました。そのようなもう少し頑張れたらねというときは、はなまるのうず巻きの周りに付けるクルクルの数を減らし、「このときはこうできたらよかったね」と一緒にクルクルを確認しながら伝えていきました。このやり取りはEちゃんの希望で、進級のときまで毎日継続しました。

お母さんとの連携

　10月に自閉症との診断を受け、お母さんは「急にいろいろなことをセンターで言われて、何もわからなくて」という戸惑いを吐露してくれた。園では特に対応は変えず、Eちゃんがやってみたいことができるようにした。そのうえで、気持ちをどう切り替えて友好的な人間関係を築いていけるのかを考え、保護者に、園での状況を伝えつつ、サポートしていった。

5歳児
4月～6月中旬

落ち着かないEちゃんを理解するには

　進級当初は5歳児になったことを喜び、何事にもはりきって取り組んでいたEちゃん。しかし、6月中旬くらいから着席することも難しくなり、机の上に乗る、ドアを激しくたたく、大声を出す、友達にぶつかる、といったことが多くなりました。クラスの子どもたちは驚いていましたが、その都度担任から状況を説明し、「Eちゃんは困っているのかもしれないよ」「どんな気持ちか聞いてごらん」「何かあったら助けてね」とかかわり方を話しました。

子どもたちがつくるインクルーシブな環境

　Eちゃんと周りの友達の様子を見ると、ある子は昼食の支度のときに、かばんをさっと持ってきて「Eちゃんのお弁当が『食べて、食べて』って言ってるよ」と声をかけてくれます。また、Eちゃんがドアをドンドンたたく姿を見て、担任に「Eちゃんが好きな歌を流せば喜んでくれるかも」と伝えてくれる子もいます。みんなと同じ行動が難しいEちゃんなので、さまざまな場面で準備ができるまでみんなが待つ姿もあります。園では、職員全員でEちゃんの行動の意味を考え、一貫したかかわりをするようにしました。クラスの子どもたちもその様子から、子どもたちなりにEちゃんを受け止め、みんなで過ごしやすい環境をつくっていったのです。

> ### 保育者の
> ### おもい
>
> 　5歳児クラスになり、周囲の子どもたちもEちゃんが困っていることを理解し、声をかけてくれる。その姿に担任も助けられた。子どもたちはこの2年間に、いろいろな保育者の姿をモデルにして、どうかかわるとEちゃんが過ごしやすいのかを学び、ともに自分たちも心地よく過ごしている。

お誕生会で不満爆発

　4歳児クラスのときから、クラスの誕生会での「質問タイム」を楽しみにし、「（質問をする役に）指名されたい」という思いを強くもっているEちゃん。この日は、3人の子の誕生会。

　1人ずつお祝いしていく中で、1人目の質問タイムに指名されず、「なんで？ つねってやる！」と泣いて怒りました。フリーの保育者のもとを離れ、誕生日の子をつねろうと前に出ていきます。声をかけるのですが、なかなか怒りが収まらず大声を出し続け、会の進行ができない状態に。そこで、フリー保育者と一緒に落ち着くまでいったん保育室から出ることに。落ち着いたので、3人目のお祝いのとき保育室に戻ってきました。しかし、Eちゃんは前に出ている誕生日の子たちを押そうとしながら「選んで！」と強い口調で再びアピール。結果、質問役には選ばれず、気持ちが満たされないまま降園の時刻となってしまいました。

保育を振り返って

　フリーの保育者には心を開き、自分なりの思いを冷静に伝えられることも多くなってきたEちゃん。しかし、頭ではわかっていても感情のコントロールが難しく、衝動的に行動してしまいます。活動に対しての意欲が増す一方で、学年を追うごとに、自分のできると思うことが実際には、できないことに気づき、思いどおりにならないことがあると大声を出し、暴れてしまうことが多くなりました。その都度、気持ちに寄り添い、クールダウンをしてから参加しています。

　フリー保育者や担任との信頼関係を軸に、今後も友達とのかかわりの機会を増やしていき、Eちゃんの自己肯定感を促すとともに、気持ちに寄り添いながら、Eちゃんが過ごしやすい環境づくりに取り組んでいきたいと思っています。

インクルーシブな対応

CASE 4

気持ちの切り替えが難しい
Eちゃん

Point 1

かかわりをつなぐ働きかけを

執筆／広瀬由紀

どうしたの？

　Eちゃんは、保育者に何かを求めることが多く、保育者を困らせる行動が多いようです。しかし、この事例では一貫して、「困っているのはEちゃん自身」という考えのもと、「どうしてできないのか」ではなく、「どうやったらできるのか」という視点でEちゃんを含めた保育展開を考えています。その考えから生まれた「はなまる」の取り組みも、褒められることが大好きなEちゃんのやる気に。また周囲の子たちには、保育者がEちゃんのことを説明しつつ、本人にも聞いてみることを勧めています。このように子どもたち同士を"つなぐ"保育者の意識的な働きかけが、インクルーシブな保育にはとても重要になります。

Point 2

努力するとうまくできそうな
機会を増やす

執筆／太田俊己

プンプン
しない

　フリー保育者がつく状況は、細やかに対応する状況をつくれる反面、ほかの状況との違いを浮き立たせ、子どもの集団に解け込みづらくする面があります。だれかつかないと進まない保育にならないように職員みんなで気を配りましょう。
　障がいのあるEちゃんは、こだわりが失敗のもとになることがあります。とがめられ、恥ずかしい失敗は、ないに越したことはありません。いかにも失敗しそうなときは、しないで過ごせる状況をなんとか工夫し、努力するとうまくできそうな機会を増やしていきたいものです。ほかの子が、「Eちゃんとしたい」と言い出す、育ち合える保育をつくるためにも。

生活面に
こだわり、
ささいなことで
崩れてしまう
Hちゃん

  ## 気になる姿

基本情報

4歳児女児。父親、母親、妹との4人家族。3歳児で入園。障がいの診断は受けていない。

Hちゃんは3歳児で入園当初、保育者へ「やって」「やだ」などと思いを表していたが、一語文がほとんどで語いが少ない。友達とのやり取りでは指でつんつんし合うなど、身体的なふれあいを楽しんでいた。5月の一日保育の時期になると体力がもたず、昼食前におなかがすいたり、眠くなって泣いたりしている。そのためフリー保育者に抱っこしてもらっていたが、離れられない時間が増えた。7月に昼食まではようやく体力がもつようになったが、毎日1時間の午睡が必要。進級後は体力がついたこともあり、だんだん自分の「こうしたい」という思いが出てきたが、思いを言葉にできず、泣き崩れる。アトピー性皮膚炎があり、悪化してきている。

ココで考えたいこと

大人に頼りたい気持ちを受け止めて

体力がなく発育も気がかり、皮膚炎でかゆく、穏やかに過ごせない手のかかる子……に見えますか? いえ、たぶん今、手をかけ、目をかけて支え、見守り励ますべき子です。

離れられず、抱っこをせがむのは、やはり今、それが必要だから。大人を頼りたい気持ちがはっきりしているので、まずはそれに応えることを大切に。大変ですが、手をかけて、目をかけて、育ちを待つ時期と捉え、ほかの子とのかかわりが見られ、話題が出てきたら、それが次の成長への潮目と考えます。

子どもの様子と園の対応

お気に入りのドレスがない!?

4歳児
4月〜

4歳児クラスへの進級当初は比較的安心した様子でした。朝の長時間保育を利用しているHちゃんは、登園してくると、必ず青いドレスを着ます。ドレスを着るとお母さんと機嫌よく離れられることが多いので、お母さんは保育者に声をかけつつ、ドレスを着せて保育室へ向かいます。

ある朝、いつもの場所に青いドレスがありません。お気に入りのドレスがないので悲しくなり、泣き出してしまいました。実は前日、朝だけでなく日中にもドレスを着ていたHちゃん。汚れてしまったので、洗濯していたのです。ほかのドレスを提案しましたが、納得できずに泣いていました。お母さんと離れ、保育者と気分転換をしていると、だんだんと気持ちが落ち着いてきました。

見通しや代替案を伝えても……

4歳児
5月〜

生活面では、気分が乗っていると自分のことを進んでしますが、思うようにいかないことや嫌なことがあったとき、体調がすぐれないとき（アトピー症状があり、かゆくて仕方のないとき）は泣き崩れ、まずは「抱っこして」と担任に訴えます。また「○○がよかった」「○○はどこ?」などと自分の求めるモノやコトを一方的に伝えてきます。担任はHちゃんの話を聞き、その思いに常に応えたいと思っていますが、Hちゃんの求めるモノやコトが、すぐに解決できないこともあります。そうしたときに、「後で一緒に探そうか?」「これだったらどう?」などと見通しや代替案を伝えますが、受け入れられません。

> **保育者のおもい**
>
> 困ったときに「抱っこ」と言って泣き崩れるので、「泣かなくても大丈夫だよ」「泣かないで伝えてほしい」と話していたが、Hちゃんにはなかなか伝わらなかった。また、Hちゃんはクラスのほかの子どもたちの話を聞いたり、手伝ったりすることが少ないことも気になった。担任はHちゃんの思いをどう受け止め、クラスの一員として育んでいくには、どうすればいいのか悩んでいた。

食事や食事場所へのこだわり

4歳児
6月〜

Hちゃんはときどきピアノの下で給食を食べることがあります。この日もおかず、汁物は食べずに、デザートの大好きなバナナを食べています。担任は他児と話をしながら食事をしていました。ご機嫌なはずのHちゃんでしたが、ふと見ると泣きながらバナナを投げています。落としてしまったのかと思い、「もう一つ食べる?」とおかわりを渡しましたが、また少しすると、泣きながらバナナを投げています。よく話を聞いてみると、3等分にしたバナナには、皮がむきやすいように切れ目が入っていて、むこうとしたら、切れ目からバナナが割れてしまうのが嫌だったようです。そこで、8割ほどむいて渡すと、満足そうに食べていました。

担任一人で抱え込んでいる!?

　Hちゃんをどう支えていくのか、ずっと考えていましたが、方法を変えてもうまくいきませんでした。でもあるとき、周りの保育者から「大丈夫?」と声をかけられ、もっとほかの人の力を借りればよいということに気づきました。担任が一人で抱え込んでかかわることで、Hちゃんが気持ちを立て直せないのかもしれない、担任が気持ちに応えられないときを多くしているのではないか?　と考えたのです。また、Hちゃんを支えようと思うあまり、クラスのほかの子どもたちとのかかわりも薄くなっていないだろうか……とも思い、もっと、他クラスの保育者、フリー保育者の力を借りてみようという思いに至りました。

Hちゃんに少しずつ変化が……

　その後は、Hちゃんがバッジが見つからずに泣いているときは、フリー保育者と一緒に園内を探してもらったり、泣いてしまったときは、事務職員に抱っこしてもらって気分転換をしたりするなど、Hちゃんの思いを受け止めつつ、他者の力も借りました。その中で、Hちゃんに少し変化が見られました。私が他児とあそんでいるときに、Hちゃんの服が汚れてしまい、私のところに来たので、「ちょっと待ってね。これが終わったら一緒に着替えようね」と話すと、納得して待っていてくれたのです。

待っててね

こだわりが薄れてくる

　夏休みの間、Hちゃんは母親の仕事先の託児施設で過ごしました。夏休み明けのHちゃん。いつものように登園するとドレスを着ますが、お母さんと一緒に青以外のドレスを選ぶ姿が見られました。

　9月には運動会もあり、運動会の会場となるグラウンドに出かけるなど、日々の生活とは違った活動もありましたが、Hちゃんは機嫌よく、3歳児クラスからの友達2人と参加していました。また、それまではトイレに担任が必ずついて行っていましたが、友達と一緒に行く姿も見られるようになりました。

保育を振り返って

　春からこのクラスの担任を任され、28人の子どもたちが生き生きと園生活を送れるように願い、駆け抜けてきました。Hちゃんの様子が変わらないことで必死になり、ほかの人に悩みを打ち明けて協力してもらうという、当たり前のことに思いが至らないこともありました。

　今でも、Hちゃんがなくしそうなものは担任が持つなど、園生活を送るうえでの細かい配慮は欠かせません。また、クラスの友達とのかかわりが薄いことも課題になっています。Hちゃんが、3歳児クラスの頃からの友達以外とも隣同士で座ったり、手をつないだりできるよう関係づくりも大切にしながら、クラスの中で気持ちよく過ごし、仲間とともに成長していけるようにしたいと思います。

インクルーシブな対応

Point 1

おおらかな気持ちで保育に臨む

執筆／広瀬由紀

　体と心は一体です。体調がすぐれないときなどに、「普段と同じ姿」を期待してしまうと、子どもも保育者も苦しくなってしまいます。そういうときは、「今日は園にいるだけでOK」くらいのおおらかさで保育に臨んでも。保育者の心もちは、どうしても子どもたちに伝染します。保育者が「自分でやらねば」「失敗しないように」と気負っていると、クラスの子どもたちも同じ気持ちになります。そうなると、さまざまな理由で自分一人で、もしくはみんなと同じように行うことが難しい子は、クラスに居場所がなくなってしまいます。「失敗しないようにどうするか」ではなく、「失敗は起こりうるもの。そこからどうする？」という発想で保育を展開したいものです。

Point 2

子どもが求めるかかわりに寄り添う

思いきりあそんだね

執筆／太田俊己

　時間はかかりましたが、担任保育者の手厚いかかわりで、Hちゃんにもとうとう友達とのかかわりが出てきました。決め手は、担任一人で抱え込まず、フリー保育者を頼ったことでしょう。担任の気持ちもHちゃんとの関係も落ち着きを見せたようです。

　子どもが求める人とのかかわりは、だれでもよいわけではなく、「かかわりをもてる・もちたい、相手と」なのです。大人との関係の基盤ができると、次に子どもとのかかわりが広がることが、Hちゃんの様子からもわかります。この基盤ができつつある今、これからはほかの子とのかかわりの中で、大きく変わるHちゃんが見られることでしょう。

曖昧な表現を
くみ取りづらく、
見通しが欲しい
Kちゃん

気になる姿

基本情報

5歳児男児。父親、母親、妹、弟との5人家族。4歳児で入園。障がいの診断は受けていないが、5歳児の10月くらいから療育センターの相談に通っている。

　Kちゃんは一斉に活動を展開することが多い園に3歳児で入園し、10月まで過ごしたが、両親が子どもの様子に違和感を覚え、子どもがあそびを選んで展開する当園に、4歳児の10月に転入園した。初めてのことや、じっとしていることが苦手。自分の思いどおりにならないことを嫌がり、興奮するとセーブが効かなくなる。事前に見通しがもてないと落ち着かない。ルールや決まりをしっかりと教えてほしがる。曖昧なことが苦手なので、友達とのやり取りでトラブルになることが多い。

ココで考えたいこと

気持ちや動きのコントロールが難しい

　じっとしていない、興奮しやすいという姿から、Kちゃんが「わざと」保育者や周囲の子を困らせようとしているのではないことが考えられます。考える間もなく動いてしまい、気がついたらトラブルが起きてしまっているようです。

「自分が把握できる世界」でないと不安

　今自分が置かれている状況を、感じ取り判断するというよりは、保育者からの情報や自分の経験、知識をもとに頭で理解し、そこから自分の行動を考えているようです。「見通せない」「曖昧な」状況は、把握しきれないので不安なのでしょう。

順番だよ!

子どもの様子と園の対応

4歳児
5月

「わからないよ！」

　友達が作ったもの、あそんでいたものを壊したり、ソフト積み木をはさみで切ってみたりするKちゃん。担任が「自分で作ったものを、こうやって壊されちゃったらどうかな？」と聞くと「嫌だ！」と答えました。「積み木は切らないで」と言うと、そのときは「わかった」と答えます。しかし、その後も何回か続いたので、ルールを一つ一つ丁寧に、繰り返し伝え続けました。

　ほかにも、友達をたたいたり、蹴ったり……といったトラブルが生じていたので、その際にも「どうしてたたいちゃったの？」と聞くと「わからない」と言います。保育者が「〇〇だから？」と、いくつか思い当たることを問いましたが、わからないようでした。そのようにさまざまな場面で理由を聞くことが何度もありましたが、答えはいつも「わからない」でした。

保育者のおもい

本当にわからないのか、どう答えたらいいのかがわかっていないのか、担任もこの時点ではわからなかった。

4歳児
10月

僕ってこんなことできるよ！

　高い所に登ることが得意なKちゃん。園庭にある大きな木に登るようになりました。だれよりもスイスイと登り、高い所まで行きます。その姿を保育者とクラスの仲間が見て「Kちゃん、すごいねー！」と褒めると、とてもうれしそうでした。

保育者のおもい

　Kちゃんはやんちゃだったので、クラスで困ったことや問題が起こると、「Kちゃんがやっちゃったんじゃない？」とKちゃんのせいにされてしまうことがしばしば……。でも、木登りが得意なことがわかり、クラスの子どもたちにも一目置かれるようになった。その後、"木登りと言えばKちゃん！"とクラスの中に浸透していった。Kちゃんの良いところをクラスの仲間とシェアできたことに喜びを感じた。

4歳児
9月〜12月

じっとしているより、あそびたいんだ！

　運動会の野外劇とクリスマスの劇の練習の1回目、このときだけ、Kちゃんは活動に参加していました。しかし、2回目以降、"あそべない""ずっと座っていなければいけない"とわかり、大泣きし、門から入りたがりませんでした。担任が話をして保育室に入り、自分の椅子にいったん座りましたが、遊具にあそびに行ったり、自由に動き回ったりしていました。

　Kちゃんの気持ちもわからなくはないので、できるだけ気持ちに寄り添いたいと思いながら、参加するための手立てをあれこれ考えて声をかけましたが、うまくいきませんでした。でも、来年にはもっとわかるはず。いや、どうだろうか……と不安はよぎりましたが、無理強いしないようにしました。

僕の気持ちもわかってよ!!

5歳児 7月

その日は遠足で、バスを3回乗り降りしました。座る席は特に決めておらず、1回目は仲良しで大好きなRちゃんの隣に座ったKちゃん。昼食の場所へ向かうためバスに乗った2回目、今度はRちゃんの隣に座れなかったKちゃん。座席を何度も思いきりたたき、大泣きしてパニックに。落ち着かせるため、バスを降りた後に抱っこをして、他児とは別の場所でクールダウンしました。

Kちゃんに理由を聞くと、「Rちゃんと座りたかった」「ご飯のときも帰りのバスも一緒に座りたかった」とのこと。そこで、本人の思いも受け止めつつ、担任の意見を伝え、その後どうするかの選択肢を提示しながら20分ほど話をしました。選択肢は、「①昼食のときはすでに決まっている席（Rちゃんとは別）に座る。②Rちゃんとそのテーブルに座る仲間に自分でお願いしに行き、代わってもらう。③Rちゃんに、"帰りのバス、隣に座ろう"とお願いしに行く」としました。②③を選んだKちゃん。その後、自分で交渉に行きました。Rちゃんもクラスの仲間も優しく、快く受け入れてくれました。

クラスの仲間や職員と協力し、理解のために工夫を

5歳児 10月

5歳児クラスになって最初の劇の練習日。昨年の経験があるので心配していました。やはり、「座っていたくない」「やりたくない」「あそびたい」と言うKちゃん。この頃から、療育センターに相談に通いはじめたので、療育の先生に様子を話し、「本人が興味のあるものを手に持たせているといいかもしれない」と教わりました。さっそく劇の練習中に、Kちゃん用の劇の絵本を用意し、「今はこのシーンだね」と担任が声をかけ、見通しをもてるようにしました。すると、当日までスムーズに参加することができました。

その後も、Kちゃんの困り感はなくなっていませんでしたが、「曖昧な表現をくみ取ることが難しいため、答えをはっきり伝え、納得できるようにする」「見通しをもてるように配慮する」ことを心がけました。それによってKちゃんがスムーズに行動し、理解できるように工夫していきました。

保育を振り返って

困り感の表し方がさまざまだったので、Kちゃんを理解することが難しく、園生活を支援するかかわり方を見つけることもとても難しかったです。いろいろな方法を試して、この間はうまくいったから……と同じやり方をしても、うまくいかなかったりもしました。Kちゃんとの関係づくりから始めて、Kちゃんからどんな言葉や行動が返ってきても、諦めずに寄り添う気持ちをもって対応していきました。感情をコントロールできない本人が一番苦しいのだろうなと考えたと

きには、涙があふれました。しかし、少しずつでも成長していったKちゃんを見ることができてうれしく感じました。2年間のクラスづくりでは、周りの子のKちゃんへの意識の変化や、助けを十分に感じることができました。療育の先生のアドバイスでKちゃんにだけ劇の絵本を用意したときも、特別扱いかな？ ほかの子も欲しがるかな？ と考えましたが、担任が思っている以上に仲間関係はしっかりしていて、特に気にする様子もなく理解してくれました。

インクルーシブな対応

Point 1

日常の積み重ねの中で
理解する子どもたち

執筆／広瀬由紀

　周囲の子たちは、今までの経験から何か問題があると「Kちゃんがやったのでは？」と疑う様子もあったようですが、保育者が「木登りの得意なKちゃん」という別な側面を意図的に発信したことで、一目置くようになりました。本人の肯定感を高めるだけではなく、周囲の子の捉え方を変えるポイントになりました。5歳児のときの劇の練習では、Kちゃん用の絵本を用意し、見通しをもてるようにしたことで参加できました。保育者の心配をよそに？　周囲の子が気にする様子がなかったのは、今までの積み重ねから、それがKちゃんにとって必要なものだと理解し、仲間として受け入れているからなのでしょう。

Point 2

揺るぎない思いは伝わり、
子どもは変わる

執筆／太田俊己

　担任とKちゃんの関係は強そうです。パニックを起こしても、担任がいれば、話ができ、我慢もできるのです。印象的なのは、この担任が、Kちゃんの返す荒い言葉にげんなりするどころか、かえって本人が一番苦しいのだと涙する先生だという点。徹底してKちゃんに寄り添い、Kちゃんの良いところを見いだしたいと努力し、奮闘しています。

　どんなことがあっても、その子どもを思い、また思いをくんでくれる人がいれば、どんな子も変わります。担任の子どもへの信頼は、ほかの子たちにも伝わるのです。Kちゃんの木登りがちゃんと認められたのは、背景にこの担任のKちゃんへの揺るぎない信頼があるためでしょう。

CASE 7

新しいこと、集団が苦手で、子ども同士のかかわりがないUちゃん

気になる姿

基本情報

3歳児男児。父親、母親、妹との4人家族。0歳児から入園。障がいの診断は受けていない。

3歳当時、驚くほど激しい言動を示したUちゃん。保育室よりも職員室で過ごすことを好んだ。普通ならしかりつけ、強引にクラスに戻すところだが、園長がこれをよほどのことと受け止め、Uちゃんは職員室にいてもよいと判断した。

Uちゃんは新しいことに向かうときの不安感や緊張が大きく、集団での活動が苦手。できないことがあると泣いたり、体をばたつかせたり、大きな声を出したりして表現する。

ココで考えたいこと

不安や緊張が強く、ピリピリしている

特定の場所、特定の保育者となら、落ち着いて過ごせる。そこでないと、この人でないと落ち着かないのは、不安や緊張が強くピリピリしている証拠。まずは大人がゆったりと鷹揚であること、そして、落ち着ける場所をつくることから始めたいものです。保育者側も結束して一貫した対応でができるとよいと思います。

子どもの様子と園の対応

3歳児
4月

職員室から出たがらない
Uちゃん

クラスでは落ち着いて過ごせず、抜け出して園庭や廊下でみんなの様子を見ているUちゃん。保育室の騒がしい様子が苦手なのか、職員室で園長や職員と会話をしたり、職員室にある文房具を興味深く眺めたり触ったりしています。また、園長を独占したがり、園長が事務仕事や電話の応対をすることを嫌がって、それがかなわないと大声を出して怒ったり、文房具を投げたりすることがありました。園長はそのときどきに、「電話に出るね」「このお仕事だけ終わらせちゃうからね」などと丁寧に状況を知らせ、Uちゃんからの要求にもできる限り応えるようにしていました。

保育者の
おもい

まずはUちゃんが特定の大人と関係を深め、安心して過ごせるように環境を整えていった。しかし、このままでは友達とのかかわりがもてず、園生活の楽しさも味わえないので、Uちゃんの様子をその都度会議で報告し、かかわり方を考えた。

3歳児
5月

給食時間だけでも楽しく

職員室で一日のほとんどを過ごすUちゃんでしたが、担任が誘うと、給食だけはクラスで食べるようになりました。このことをきっかけに、クラスで過ごす時間が増えるのではないかと期待しました。でもUちゃんは、気の向いたときに活動に参加するだけで、あとの時間はまだ職員室で過ごしていました。

担任はUちゃんの気持ちを受け止め、「今日は園長先生と何をしたの?」「安心して過ごせてよかったね」とその日の出来事を聞き、給食時間にはクラスで楽しく過ごせるように配慮しました。

3歳児
6月

どうすることが受け止めることなのかを考える

会議では、今後、Uちゃんのためにどのように保育に取り組めばいいのかを話し合いました。「今のままでは、勝手な振る舞いをさせているだけでは?」「今、すべきことを教え、望ましい振る舞いや行動の仕方を伝えるべきだ」といった意見も出ました。そこで、今までも促したりしかったりしてきたことを伝えるなど、職員全員でこれまでの取り組みを共有。Uちゃんのことを決めるときは、「Uちゃんの思いを聞きながら進める。ただし保育者の思いや願いも十分に考えたうえで、しばらくは今のようなかかわり方をして、園全体で見守っていこう」ということになりました。

運動会への参加

担任は毎日、一日の見通しを知らせました。Uちゃんが参加しなかった活動も「今日はダンスをしたのよ」などとクラスの様子を繰り返し伝えていました。するとUちゃんは、自分から「今日は何をするの?」と聞き、興味がある活動のときは「今日は行く」と意思を示すようになりました。反対に興味がないときには「行かない」と言います。そんな中、なんと運動会には「出る」と言ったのです。当日は担任と手をつないだり、おんぶや抱っこをしてもらったりして参加しました。

4歳児
10月

好きなあそびを介して友達とかかわる

進級して半年がたち、この頃から友達が職員室に声をかけに来るようになりました。クラスの子どもたちは、遠足を一緒に経験したUちゃんを「職員室にいるUちゃん」として、意識するようになったのです。「何してるの?」「一緒にあそぼう」などと言われ、ときどきクラスに戻り、戸外では水あそびや三輪車など好きなあそびを介して、友達と同じ場で過ごすようになってきました。

4歳児
3月

「もうここには来ない」

進級を控えたある日の会議で、就学へのつなげ方を話し合いました。その中で、5歳児クラスの1年間で、Uちゃんがどんなことを身につけるといいのか、どんな保育をすればいいのかを検討しました。その結果、まずはUちゃんが進級への見通しがもてるように、担任があらかじめ新しい部屋や持ち物の置き場所を知らせることになりました。また、Uちゃんがそのクラスの一員だと理解した頃、「もう少し保育室で過ごしてほしい」という担任の願いを伝えることにしました。

3月31日、新しい担任が発表になり、Uちゃんに「5歳児クラスになったらよろしくね」と挨拶を済ませました。すると夕方、Uちゃんは職員室で黙々と段ボールに自分の荷物をしまっていました。園長が「何しているの?」と聞くと、「明日から5歳児クラスになるから、部屋に行く。もうここには来ない」と言いました。そして、5歳児クラスになって以降、Uちゃんは職員室で過ごすことは一切なくなったのです。

保育者のおもい

Uちゃんは、クラスが自分の所属であることは痛いほどわかっていたと思う。それでも戻れない自分に、自信をなくしていたのかもしれない。運動会は家族が見に来るので、なんとか参加したい気持ちをもっていた。しかし、騒がしい場所が苦手なため、担任と手をつなぐ、おんぶや抱っこをしてもらう、といった方法を選んで参加したのではないかと考えられる。

保育者のおもい

友達と同じ場であそぶようになったUちゃん。ときには友達と順番や物の貸し借りをめぐり、怒って職員室に戻ることもあった。しかし、そんなときには代わる代わるだれかが職員室に来るようになった。Uちゃんの発言にも「今日はKちゃんとけんかしちゃった」と友達のことが話題にのぼるようになった。

保育を振り返って

この方法が正しいかどうかわからず、何度も職員で話し合いました。Uちゃんの気持ちを尊重しながら、保育者の願いや保育の意図がどこにあるのかも考えながら進めた日々でした。Uちゃんがクラスの一員であることを常に意識し、焦らずに安心感を育むことを優先したので、Uちゃんが友達に興味をもったり、ほかの場所で過ごそうと思えたりしたのではないかと感じます。Uちゃんのことを決めるときに、その都度Uちゃんの思いを聞き、受け止めていったこともUちゃんの自立につながったように思います。また、担任だけでなく、園全体で一人一人に向き合う体制をつくれたことが、Uちゃんを導いたように思います。

Point 1

保育者とクラスの子どもたちと
快適に過ごす

執筆／広瀬由紀

いろいろな手段を講じてクラスへ入れる道筋を探すという考え方もあったかもしれません。しかし6月の会議で「しばらくは今までどおりに園全体で見守る」という方針をとります。短絡的な結果を求めず、子どもの全体的な発育を望む保育ならではの視点で、とても大切なところです。

また、Uちゃんと担任が思いを伝え合い、今日はどうするかを互いに真剣に考えている様子は、周囲の子たちにしっかり伝わっています（自然に誘ってあそぶ姿から感じられます）。Uちゃん自身が職員室へもう来ないことを決めた。この最も望ましい解決には、本人の育ちももちろんですが、担任が日々丁寧な対話を行ってきたことと、周囲の子どもたちの存在が大きいと感じます。

Point 2

粘り強く子どもの可能性を信じ、
園全体で支える

執筆／太田俊己

結論として子どもの力はやはり大きいです。職員室でヤンチャし放題、園長先生を独占したUちゃん。「困った子」だったはず。Uちゃんの職員室保育を認めるのは、ともすると担任の否定にもつながること。けれど、声をかけ続けた担任。Uちゃん自身の育ちの力も大きく、別の所にいるUちゃんをクラスの一員と認めていくクラスの子どもたちもすばらしいです。この見事な背景があって、Uちゃんは「旅立てた」のです。園全体で「困っている」Uちゃんの思いを受け止め、子ども同士の可能性、その子とクラスの子どもたちの力を信じた保育者たちの強い思いのおかげでしょう。

耳の聞こえづらい Cちゃんを サポートする

 ## 気になる姿

基本情報

1歳児女児。父親、母親、兄との4人家族。1歳児、4月入園。入園当初は耳に異常はなかったが、8月に保育者が聞こえづらさに気づいた。現在は右耳がほとんど聞こえず、左耳が高度難聴。

Cちゃんは食べ物の好き嫌いが激しい。また、嫌なことがあると、奇声を発して泣いたり、友達を押したり、たたいてしまったりすることがある。その都度対応をしていたが、1歳児クラスの8月頃に名前を呼んでも振り向かない、気づかないことが何度かあり、まだ発語がないことも気になった。

ココで考えたいこと

原因は「耳」かもしれない

Cちゃんの姿は、一見すると対人関係や情緒との関係で背景を考えてしまいそうですが、保育者はほかの背景を考えました。園では以前から発語がないなど気になる子どもがいたら、まずは耳が聞こえているか、背後から名前を呼んで振り向くかどうかを確認することにしていました。日々の保育の中で子どもの「今」を丁寧に観察し、さまざまな角度から検討する姿勢があったからこそ気づけたのです。「発達」は右肩上がりだけではないことも頭に入れて、子どもを見ていく必要があります。

Cちゃん!

子どもの様子と園の対応

1歳児

8月～
10月下旬

もしかしたら、聞こえていない?

　Cちゃんは、入園したての頃、椅子の上に立ちたがり、気に入らないことがあると手が出そうになることがありました。でも、この年頃の子どもにはよく見られることなので、その都度、声をかけたり抱っこをしたりしていました。

　ところが8月頃になると、名前を呼んでも振り向かないことや、気づかないことが何度かありました。また、担任とコミュニケーションをとることも大好きですが、もうすぐ2歳になるのに、まだ発語がありません。"もしかしたら、耳が聞こえづらいのでは"と思い、背後から声をかけてみると反応しません。次にタンブリンを打ち鳴らすと、かなり近くで鳴らしたときに、振り向く程度でした。

　そこで、9月に巡回指導に来た先生に相談し、観察してもらうと、保育者の言葉をある程度理解しているので、まったく聞こえないわけではないが、難聴気味であることがわかりました。

右耳はほぼ聞こえず、左耳は高度難聴という結果に

　巡回指導の先生に見てもらい、懸念が確信になったことで、担任はどう声をかけるべきか悩んだが、いつも笑顔で頑張るお母さんに、Cちゃんとの楽しい一日の出来事や成長の一面を伝えながら、「もしかして、Cちゃんは耳が聞こえづらいのでは?」と話しました。はじめは「まさか……」という反応だったお母さんも、思い当たる節があったようで、4月当初に家庭で撮ったビデオなどを確認してくれました。それによると4月の時点では、呼ぶと返事をしていたことがわかりましたが、今は不安だということで、10月に大学病院で検査をしました。その結果、Cちゃんの右耳はほぼ聞こえておらず、左耳は高度難聴ということがわかりました。

保育者のおもい

　担任が早く気づけたのは、普段から背後から名前を呼んで振り向くかどうかを確認することを意識していたからだと思う。

サポートを検討し、職員間で共有

　検査の結果を受け、左耳のほうが聞こえやすいことがわかったので、職員間で左側から声をかけること、着替えなどはほかの1歳児と同じ援助に加え、一つ一つ指差しをしながら目を見て、ゆっくりはっきりと伝えるよう、サポートの仕方を確認した。

Part 3

インクルーシブなクラスづくり

ろう学校を見学して

1歳児 10月下旬

診断後、Cちゃんの両親は難聴児をもつ家庭向けの説明会に行き、1月からろう学校にも通うことを決め、両親と兄も手話を学びはじめました。両親の前向きな姿勢に、私たち保育者もできることを模索しはじめました。まずはCちゃんの通うろう学校では、何を大切にしているのかを知ろうと、園長、副園長、保育主任、担任のリーダーがろう学校に見学に行きました。ろう学校では、乳幼児教育相談のスタッフに話を聞き、3歳の幼稚部から始まること、それまでは親子で通うことを知りました。幼稚部、小学部と見学し、普段の生活では手話を使っていることや、物や活動を示す絵表示には、すべて手話と言葉が添えられていること、日本語の文法も早期にしっかりと教えている様子がわかりました。

見学後、園では職員と情報を共有し、これからの対応として保育者ができるだけCちゃんのそばにつき、職員は、左側から声をかけ、肩をトントンしてから話しかけることなどを決めました。

難聴の子どもについて知る

1歳児 1月〜2月

Cちゃんはろう学校に通いはじめてから生活が一変。学校で制止されることがあるためか、かんしゃくを起こすことが多くなってきました。そこで、お母さんにろう学校と園の間に入ってもらい、ろう学校でCちゃんを担当している先生と話す機会をつくりました。Cちゃんの園での様子を伝え、話を聞いたところ、Cちゃんはただ音が聞こえないのではなく、聞こえる音がぼやけてしまう「感音性難聴」だと知りました。実際にCちゃんに聞こえている音を、テープを再生して聞かせてもらいましたが、ショックでした。しかしそのとき、担当の先生に「Cちゃんは賢い子なので、自分はなんでも許されると思っています」とも言われました。保育者は周りと同じように接しているつもりでしたが、知らず知らずのうちにわがままを許してしまっていたことに気づきました。

その後、Cちゃんをよく見ていると、友達に手を出すときは、進路をふさがれたなどの理由があることがわかったので、担任はCちゃんの思いをほかの子どもたちに代弁し、Cちゃんとはスキンシップを多くとるようにしています。

> ### 保育者のおもい
>
> ろう学校の先生の話を聞いた後、その話を職員全員に周知した。先生のアドバイスは、Cちゃんは何ができて、何に対して困っているのかを見直す良い機会になった。今後は、Cちゃんに必要なサポートをしながら、クラスの子どもたちと一緒に過ごしていくには、どうしたらいいのかを考え、話し合っていきたい。

保育を振り返って

耳が聞こえづらいことをお母さんに伝えるときは、どのように話をすればいいのか悩みましたが、まずは検査をすることが大切だということと、園としてはご両親とともに結果を受け止め、今できるサポートをしていきたいと伝えました。ご両親は前向きな考えをもっていたので、すぐに難聴児をもつ家庭向けの説明会に行き、ろう学校に通う手続きを進めましたが、こうした説明会につないでいくことや、ろう学校のしくみなどを知っておくことも園の役割だと思いました。今後は、ろう学校と連携しながら、クラスの子どもたちと同様、集団生活の楽しさを伝えていき、Cちゃんが社会生活を送るまでを見据えて、さまざまな人とかかわる経験ができるようにしていきたいです。

インクルーシブな対応

Point 1

保護者、関係機関との
つながりがカギに

執筆／広瀬由紀

ろう学校で・・・

うれしかったのね

　保護者との丁寧なつながり方がとても参考になります。まず園で、Cちゃんをしっかりと観察し、さまざまな仮説を立てて検証しながら、Cちゃんの困っていることは何かを考えています。園で十分検討された話だったからこそ、Cちゃんのお母さんはにわかには考えにくい、考えたくないわが子の現状に向き合えたのではないかと思います。

　その後も、担任だけではなく管理職を含めた複数の保育者でろう学校を見学したことで、園内の情報共有がスムーズになったほか、保護者にとっても保育者たちが強い味方として映ったのではないかと思います。保護者、関係機関との強いつながりも、インクルーシブな保育ではカギとなります。

Point 2

工夫をしながら、
友達と園で楽しめるように

執筆／太田俊己

　家庭で気づかれることの多い難聴・ろうの聴覚障がいですが、園で発見できてよかったです。耳からの情報が入りにくいので、目で見てわかる情報保障が大事になります。この部分はろう学校や専門家からアドバイスをもらい、保育を工夫することが必要です。

　園の役割としては、情報保障を工夫しながら、（ほかの子と同じように）幼児期に大切なことを積極的に行うべきでしょう。声や言葉、表情、絵や文字、写真などCちゃんが「わかる」手段で、また「発信方法」、「理解度」に気をつけ、友達とともにする経験、楽しい経験、助け合って取り組む経験など、園でできる体験を積極的にすべきです。いずれその仲間と社会をつくっていくためにも。

大人との
かかわりしか
もとうとしない
Ｙちゃん

気になる姿

基本情報

5歳児女児。父親、母親との3人家族。5歳児、4月入園。軽度知的障がいと自閉症の診断を受けている。

　Ｙちゃんは、入園まで通っていた療育の通園施設より、小学校入学前に集団生活を経験しておいたほうがよいとアドバイスを受け、5歳児4月に入園。大人が大好きで、保育者はもちろん、道行く人にもスキンシップを求める一方で、同年代や年下の子にはほとんど興味がない。園生活の中で困っている本児に気づき、周りの子は手を差し伸べるも反応することがなく、保育者に頼るＹちゃんに、クラスの子どもたちもはじめは戸惑いを覚えていた。

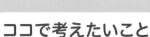

ココで考えたいこと

**同年代との対等なかかわり方を
経験していない**

　Ｙちゃんにとって「人とかかわること」は、大人がある程度状況や気持ちをくんでくれる中で、受け止められる温かなかかわりを指していそうです。同世代の"対等な"かかわりで、どのように振る舞えばよいのかわからないのかもしれません。

応じ方がよくわからない

　大人へのかかわりもどちらかというと「自分からかかわる・求める」ことが多いようです。自分の気持ちのままに必要な大人とかかわることはできても、逆に周囲からかかわられたとき、どのように応じればいいのかわからないようです。

子どもの様子と園の対応

あそびが見つからない

5歳児 4月

　入園当初、初めての環境でしたがYちゃんはあまり戸惑うことなく、毎日笑顔でお母さんと手をつないで登園し、すぐに担任や補助職員の名前を覚えていました。生活習慣もすぐに身につき、自分の支度を終えると真っ先に園庭に行くのですが、何をしてあそんだらよいのかわからないようで、近くにいる保育者の気を引こうと玄関の鍵を自ら開けて園外に出ようとしたり、2階にある未満児クラスへ行こうとしたりしていました。見ていたクラスの子どもたちは、「あれ?」という表情。園としては、Yちゃんは特別な子ではなく、自分たちと同じだとクラスの子たちに感じてほしかったため、すべてのことに対して援助をするのではなく、見守ったり褒めたり、しかったり、クラスのほかの子どもたちと同じように接していました。

自分の物がないとパニックに

5歳児 5月

　毎日同じ流れで身支度をしていたはずが、Yちゃんはある日突然、保育室の外でパニックを起こし、大粒の涙を流していました。どうして泣いているのか、周りの友達も心配になり声をかけましたが、話せる状況ではありませんでした。その姿にあぜんとしている子もいる中、お母さんから上履きを忘れてしまったことを聞きました。園の上履きを貸し出そうと差し出しましたが、自分の物ではないため、さらにパニックを起こし、結局、お母さんが持ってきてくれるまで涙は止まりませんでした。しかし、上履きが届いた瞬間に笑顔になり、何事もなかったかのようでした。

職員の対応を同じに

　Yちゃんなりに、どのようなことをしたらこの人は怒るのだろうか、どこまでは許してくれるのだろうかなどを試していたのだろう。保育者によって対応が異なることは、Yちゃんに良い影響を与えないと考え、その都度対応の仕方を話し合うようにした。そのうえで、話し合ったことを職員会議などで伝え、一緒に考えたことをさらに議事録として残し、職員間で共通理解できるようにしていった。

クラスの一員としてかかわる子どもたち

5歳児 6月〜7月

クラスの子どもたちは、戸惑いつつもしだいにYちゃんの良いところに気づいてくれ、かかわろうとしていました。困っていると助けようとするのはもちろん、Yちゃんの好きな歌をうたおうと提案するなど、Yちゃんが喜んでくれることを一生懸命に考えてくれます。それがちゃんと伝わり、ある日、みんなで歌をうたうとYちゃんは大喜びで「もう1回!」とリクエストしました。

Yちゃんを理解したい気持ちを信じて

ここまで考えてくれるクラスの子どもたちだったので、Yちゃんの特性を話してみることにしました。歌をうたった後、「みんなにも得意なことと、苦手なことがあるよね?」ともちかけ、例えば走るのが得意な子もいれば苦手な子もいることなど、いくつか例を挙げました。「Yちゃんも歌を聞くことは得意だけど、気になることがあると見に行きたくなって、それを我慢することが苦手なの。順番を待つのも苦手かな」と話すと、真剣な表情をする子、Yちゃんを見つめて考える子などがいました。その後、子どもたちは、"Yちゃんが困っていたら、助ける"という結論を行動で示してくれています。

人とのやり取りが楽しめるように

5歳児 9月〜3月

その後、これまで担任や補助職員が声をかけていたこと(昼食前の手洗いの声かけなど)を、子どもたちに任せてみました。保育者とYちゃんというかかわりから、友達とYちゃんというかかわりが増えていくようにしたのです。こうしてみんなと過ごすことが当たり前になってきたYちゃん。今は、登園するなり、保育者に「朝ご飯は何を食べた?」と質問するのが日課になっています。入園時はおうむ返しだったことを思うと、会話を楽しめるYちゃんの成長は、とてもうれしいです。担任からも同じ質問を返すとともに、友達にも質問するように勧めました。はじめは恥ずかしがっていたYちゃんも、毎朝友達ともやり取りするようになり、喜びを感じているようです。

> **保育者のおもい**
>
> 困っているときに力になりたいと思っている気持ちを大切にしたいと考えた。また、Yちゃんにも信頼できる友達をつくってほしかった。5歳児クラスということもあり、"自分と人は違う。だからこそ楽しい"ということを、この関係を通してさらに学んでほしかった。

保育を振り返って

Yちゃんをありのままに受け止め、思いきり一緒にあそび、スキンシップをとってきました。また、できたことだけを認めるのではなく、Yちゃんなりに挑戦しようとしているところを大いに認めることで、いつも見守っていると伝えるようにしました。

その後もパニックを起こすことはありましたが、その都度Yちゃんの特性を保育者から聞き、理解した周りの友達。親身になって解決してくれる姿を見て、保育者はもちろん、保護者も子どもたちの成長を感じ、認め合える関係になっていきました。

インクルーシブな対応

Point 1

子どもたちと一緒に
クラスを運営する

執筆／広瀬由紀

　5歳児クラスの場合、今まで積み上げた経験がクラスの雰囲気に大きく影響を及ぼしています。4月から入園したYちゃんに自らかかわろうとし、良いところにも気づき、喜んでくれることを積極的に考える周囲の子たちの姿には、今までどれだけの良い出会いがあったのだろうとこちらが考えさせられます。その一片が垣間見えるのは、保育者がYちゃんの特性を伝えて、子どもたちと一緒にこれからのかかわりを考える、今まで大人が行ってきたことを子どもたちに任せる、といった、子どもたちとともにクラス運営をする姿です。気になる子を含めたクラス運営に関して、大人が答えを出さねばと必死になるのではなく、必要な投げかけを通して、子どもたち自身が考える機会も大切です。

Point 2

日頃の保育で培った
クラスの仲間関係が支えに

執筆／太田俊己

　5歳で入園し、集団生活が始まったYちゃん。自閉症で、それなりにこだわるもの、得手不得手があります。問題は、子ども同士の関係がなかったことでした。しかし、Yちゃんが早く慣れたのは、一貫した対応のおかげでしょう。

　そして、次の段階。子ども同士のかかわり合いです。担任は5歳児の力を信じて頼りにしましたが、5歳児たちは立派でした。Yちゃんの個性もわかり、関係の中で、自分がするべき言動を判断し、園生活を送る友達としてかかわっています。背景に、どの子も子どもとして公平に見る保育者たちのまなざし、子どもに任せる信頼、信頼を生み続ける日頃のあそびや生活での互いの関係（良い保育）があります。これらがインクルーシブな保育の基盤です。

偏食が強く、生活習慣が身につかないFちゃん

気になる姿

基本情報

4歳児男児。父親、母親、姉との4人家族。4歳児で入園。1歳半健診のときに発達の遅れを指摘され、自閉症との診断を受ける。2歳から療育センターに通っている。

Fちゃんは強い偏食があるが、体は大きく、しっかりしている。初めての人や環境が苦手で、不安や緊張を感じる。また、見通しをもちづらいことに人一倍敏感で、パニックを起こしてしまう。アクションゲームや動物が好き。好きなことを通してなら、友達と同じ場で過ごせるときもある。

ココで考えたいこと

「偏食」の背景はなんだろう?

考えられることとして「見た目」「(冷たいなどの)触感」「(大きさなどの)食べづらさ」などが挙げられます。また、食べさせようとする大人のプレッシャーを感じ取り、食事を嫌がる子どももいるようです。特定することは難しいのですが、Fちゃんの偏食の背景についても探っていく必要があります。

少しずつなら自分の世界を広げられる

Fちゃんは、見通しのもてない状況がとても苦手。でも、好きなことを通してであれば、自分の枠を少し広げ、他児を同じ場に受け入れることはできそうです。「〇〇については難しさがあるが、△△の場面では少し違う」など、細かく様子を観察しておくことが大切です。

子どもの様子と園の対応

4歳児
4月〜5月

「トイレは行かない」

　4月当初は緊張と戸惑いが見られたものの、少しずつ園生活に慣れてくると、みんなと一緒に笑ったり、「Fちゃんもやる!」と友達と一緒にあそんだりする様子が見られました。担任にも「あのね」と話しかけてくれ、体を寄り添わせるスキンシップもするようになりました。しかし、活動の合間にトイレや水分補給を促すと、Fちゃんは「やだ。トイレは行かない」と言います。まだ園で一度もトイレに行ったことがないのです。

　あるとき、自由あそびの時間に男児たちがゲームの話をしていました。その中で、キャラクターを動かしてあそぶアクションゲームの話が出ると、そばにいたFちゃんが「○○!」とキャラクターの名前を言い、興味を示しました。そこで担任がゲームのBGMを口ずさみながら、「Fちゃん好きなの?　知ってる?」と尋ねると、「ボスを倒すんだ」とキャラクターのことを楽しそうに教えてくれました。

Fちゃんとつながれる合言葉でトイレへ

　ある日のこと、いつものように活動の合間にFちゃんをトイレに誘うと、やはり「行かない」と答えました。担任が「でも、もしかしたら、トイレに○○がいるかも。行ってみない?」とゲームのキャラクターの名前を出し、BGMを口ずさんでトイレに向かうと、Fちゃんは「ええー?」と言って笑いながら、トイレに入りました。Fちゃんは自ら個室に入りましたが、恥ずかしそうに「入ってこないで」と言って立っています。担任が再び「タラッタッラッタラー、ジャン!」とBGMを口ずさみ、ズボンを下ろすまねをすると、Fちゃんは楽しそうにまねをして、排尿することができました。その後、しばらくは「Fちゃん、○○トイレは?」とキャラクターの名前をつけて声をかけると、トイレに向かうことができました。

保育者のおもい

　Fちゃんとの対話から、好きなことや興味のあることを知り、気持ちが向かないことを「なんだかおもしろそう」と前向きに感じられるように言葉をかけた。排尿後にうれしそうな表情をしていたので、「できた!」という達成感の積み重ねに共感することが、新たな行動の獲得につながるのではないかと思った。

タラッタッ
ラッタラー
ジャン!

Part
3
インクルーシブなクラスづくり

「給食、いらない」

Fちゃんは偏食があり、食べられるものが限られています。1学期はお母さんの作る、豚肉を30分揚げた「カリカリ」だけは食べていましたが、だんだん手をつけなくなりました。給食の日は支度もせず、「食べない。いらない」と席から離れて寝転んでしまいます。2学期の最初の頃は、食べなくても配膳はできていたのですが、最近は「置かないで。嫌だ」と拒否するようになりました。

給食の時間を友達と過ごせるように

自分のグループが呼ばれても、「いらない」と言って給食を取りに行かなくなったFちゃん。おかずを減らし、「これならどう?」と聞いたり、モヤシを1本だけ載せて見せたりしましたが拒否し、最後に「これなら?」と空の皿を見せると、自分で皿だけを取りに行きました。担任は、配膳のときにはみんなと同じように受け取りに行ってほしいと思い、毎回給食のときは皿を見せ、Fちゃんに取りに行ってもらうようにしました。それでもFちゃんは食べようとせず、みんなの様子を見たり、水筒のお茶を飲んだりしています。周りの友達は「Fちゃん食べないの?」「おなかすかないの?」と最初は気にしていましたが、今では「ご飯、苦手だもんね」「お茶は飲んでね」と声をかけたり、Fちゃんの好きな恐竜図鑑を持ってきて、「見ていれば」と渡したりしています。

その後、給食の際には、療育センターの巡回訪問で提案された「個別の時計」を用意してみました。時計の図にごちそうさまの時間を書き入れて示し、その時間までは席についてお茶などを飲んで過ごし、ごちそうさまの時間になったら、「先生、時間になったよ」とFちゃんに伝えてもらい、Fちゃん自身に食べるはずだった給食を片づけてもらうのです。Fちゃんはいまだに給食を一口も食べませんが、給食の時間には周りの友達とかかわって過ごしています。

保育者のおもい

Fちゃんにとって、食事の時間が興味をもてる楽しい時間になってほしいという願いはあったが、気持ちを押し付けたくなかった。Fちゃんの気持ちを確認し、考えて一緒に進めたかった。最初は椅子に座るのも難しかったが、周りの友達とのかかわりが深まってきたので、友達の声かけに応じるようになってきている。しかし、ごちそうさまの時間まで座っていることや、空の皿を受け取ることが心の充実につながるのか、課題である。

保育を振り返って

入園当初は、初めての環境に落ち着かない姿もありましたが、1年間過ごしてきて、自分のクラスや友達、担任の先生という意識も芽生え、生き生きと自分を表現するようになりました。それは、クラスが安心できる自分の居場所になったからだと思います。最近では自分の好きなあそびを見つけ、やってみたい活動には参加するようになってきています。

しかし、食事については、まだまだ課題があり、次のステップに進んでいくには、Fちゃんの保護者や療育センターと連携して、こまめに様子を伝え合い、ともに考えながら進めていく必要があると感じています。Fちゃんのありのままの姿を受け入れながら、友達との関係性から食事への興味を広げていきたいと思います。

インクルーシブな対応

CASE 10
偏食が強く、
生活習慣が身につかない
Fちゃん

Point 1

子どもの視点で使用する環境の役割を考える

執筆／広瀬由紀

　トイレで排せつができたのは、「好きなキャラクター」と「嫌がる排せつ場面」とを結び付けるという保育者の機転の利いた声かけがきっかけでした。生活場面は、「できた」「できない」がわかりやすいので、「できること」を強く求めてしまうことがあるかもしれません。一方で、子どもの立場に立ってみると、「園のトイレ」＝「行ったことがない（不安）／あそぶ場所でもない（不満）／訓練の場（不条理）」という見方もできるかもしれません。自分から行きたくなるトイレとは、どのような空間や場面なのでしょう。そんな視点で考えてみるのもいいですね。

Point 2

思いをくみ取り、園生活の充実を

執筆／太田俊己

　生活習慣を除いては、ほかの子たちとそれなりにかかわって園生活を送り、「大きな問題はないFちゃん」と、肯定的に見たいものです。トイレは、担任のアイディアで行けて何よりでした。排せつは個人行動なので、できなくても「目立たない」問題。比べて、みんなで食べる園の食事は「大問題」になりがちです。Fちゃんの今の状況には、食べないことにとらわれて給食の時間を過ごすより、園生活の充実になることをして過ごす！　と切り換えてよいのではないでしょうか。1人でいるよりは担任や早く食べ終えた子と一緒に過ごすのがいいでしょう。自閉症の子でなくても、この子の思いをくむならば、今はそうするのがインクルーシブな保育では……と思うからです。

身体的な
障がいのある
Mちゃんとの
生活

気になる姿

基本情報

5歳児女児。父親、母親との3人家族。4歳児のときに転入園。脊髄性筋萎縮症(筋肉が細くなっていく病気)。自力で立つことや体を支えることが困難なため、車椅子で生活。排せつは保育者が抱えて連れて行き、便座にすわられるようにしている。保護者は明るく、Mちゃんをよく理解している。

　Mちゃんは気が強く、自分の意思をはっきりと相手に伝えられるが、時折自己主張が強すぎてしまうことがある。4歳児から1年間一緒に過ごしてきた子どもたちには、「車椅子は、体の一部なんだよ」と話をしてきたことで、少しずつ同学年の子どもたちも理解しはじめている。5歳児に進級し、男性保育者が初めて担任になり、クラスのメンバーも変わり、新しい環境に少し不安そうである。

ココで考えたいこと

ありのまま、対等な感覚で過ごす

　Mちゃんの障がいは、進行性のようです。だからこそ、幼児期には園で人と一緒に生活し、豊かな経験を重ねられるとよいと思います。

　ハンデは、身体面、移動面に出がちです。しかし、「違い」や「できない」「対等ではない」感覚を味わわされるほうがもっとキツイものです。身体的なハンデはありますが、子どもらしいかかわりや姿がそのまま発揮できるよう、Mちゃんの思いに沿う保育、育ち合える保育を期待したいと思います。

子どもの様子と園の対応

「好きな友達と一緒に座りたい」

5歳児 4月〜

当園では5歳児クラスになるとランチルームで席を自分で選び、ご飯を食べています。昼食前に排せつに行き、5歳児の部屋からランチルームに向かうのですが、Mちゃんには介助が必要なので、エレベーターを使っても、どうしても到着が遅れます。そのため、Mちゃんは、好きな友達と一緒に座れません。そのもどかしさから、泣いてしまうことも。

そこで、保育者がクラスの子どもたちとMちゃんの間に入って話し合い、あらかじめ友達と約束をして、その友達にコップを置いてもらい、場所を取ることを提案しました。この席取りと話し合いが友達とコミュニケーションをとるきっかけになっていきました。

してほしいことを自分で伝えられるように

5歳児 5月〜6月

Mちゃんはいつも車椅子を使って移動をしているので、通るときは自分から「空けて、通してほしい」と言うように伝えてきました。この声かけで「通る道が狭いと、みんな椅子を引いてくれるよ」とMちゃん自身も言っていました。様子を見ていると、周りの子は自然と椅子を引いて道を空けてくれていました。4月から同じクラスになった子どもたちも、Mちゃんからの声かけで車椅子との距離感や、クラスにいつも車椅子がある環境に慣れてきています。

加減するとおもしろくない!?

5歳児 7月〜

ある日、楽しそうにおにごっこをする友達を見て、「私もおにごっこがしたい」とMちゃん。周りの子を誘って友達5、6人であそぶことになりました。Mちゃんがおにになったとき、ほかの子が普段どおり逃げてしまうと、Mちゃんは全然追いつけません。それを見て、ある子が「車椅子が行けない場所には逃げないことにしよう」と言いました。ほかの子もその提案で、Mちゃんの様子に気づき、加減するように暗黙のルールがつくられていきました。しかし、その後は、加減することがもどかしくなり、途中でおにごっこをやめてしまう子が多くいたので、Mちゃんは、一緒にあそべなくなってしまいました。

まてー

みんなが参加して楽しめるように

　こうしてMちゃんが仲間に入れない日が続いたので、担任が「どうしたらMちゃんが捕まえることができるか、一緒に考えてみよう」と提案しました。すると、子どもたちから「おには1人じゃなくてもいいよね」「先生とMちゃんでおにになって、挟み打ちにする作戦は?」という意見が出て、みんな大賛成。試しにあそんでみると、これがなかなかおもしろく、Mちゃんも逃げる友達を捕まえられたので、おにごっこから離れていった子どもたちも、参加してあそぶ姿が増えていきました。

おにを2人にしたら?

5歳児 9月〜10月

リレーで勝つためには

　10月の運動会を控えたある日のこと。5歳児はバトンリレーに参加するので、リレーで走る順番を子どもたちで話し合って決めていました。Mちゃんも、もちろん参加するのですが、練習でMちゃんが走ると、どうしてもほかの子に抜かされてしまい、なかなか勝てませんでした。Mちゃんがいるグループは、どうしたらほかのグループに勝てるのか、グループで作戦会議を行いました。

　そのとき、走るのが得意なAちゃんが「僕が速く走るから大丈夫」と言いました。周りの子も納得して、AちゃんがMちゃんの次に走る順番にしたのです。その作戦で、運動会では見事1位に! 大喜びの笑顔とみんなの拍手に、グループとクラスの思いが一つになったと感じました。

> **保育者のおもい**
>
> 　練習のときに「Mちゃんが車椅子だから負けた」と言う子がいなかった(思っていた子がいたかもしれないが)。その様子を見て、自分たちで順番を決めることで、納得して同じ方向を向けるかもしれないと考え、子ども同士で作戦を練る時間をつくった。結果、Mちゃんを理解する気持ちがクラス全体にも伝わり、Mちゃんを認めることができたのだと思う。

5歳児 12月〜

自信をもって行事に参加する

　クリスマスには、自分でやりたい役を選び、クリスマスページェント(キリストの降誕劇)を行いました。歌をうたったり、少しせりふを入れたりして楽しみます。Mちゃんは歌が大好きなので、人一倍はりきり、ほかの子の動きも覚えて「こっちだよ」と教える姿もありました。運動会で自信をつけたMちゃん。今では、クラスの中でも頼れる存在になっています。

保育を振り返って

　はじめは、どうすればなじめるのか、周りがMちゃんに対して気を遣いすぎてしまうのは良いのか、悪いのか答えが見つかりませんでした。でも、一緒に生活していくと、子ども同士は素直に気持ちを表し合うので、自然とかかわりができていきます。

　車椅子での生活は、ハンデはあるものの、子どもたちはMちゃんを一人のクラスの友達として見て対等にかかわっていました。Mちゃんにとっても、友達と対等でいることが心地よく、園が安心して自己発揮できる場所になりました。Mちゃんに障がいがあることを気にしていたのは、むしろ担任保育者の方かもしれないと感じました。

インクルーシブな対応

Point 1

柔軟に状況を捉えられる
環境をつくる

執筆／広瀬由紀

　Mちゃんは、しっかり主張できる子です。Mちゃんから出るさまざまな主張は、体に不自由さがなければ、子ども同士で解決できる内容かもしれません。しかし、現実はそうではありません。保育者はMちゃんだからと受け入れるわけではなく、必ず周囲の子たちに「状況をわかりやすく説明」し、「話し合いの場」を意図的に設け、「一緒に考える」ことで、子どもたちと工夫しながらそれぞれの場を乗り越えています。多様な他者を含めて生じた問題に立ち向かおうとするとき、子どもたちは、大人が考えるよりも柔軟に状況を捉え、思考をフル回転させ、魅力的な案を創造する姿がよく見られます。こうした過程は、保育全体で大切にしている姿そのものです。

僕が速く走るよ

Point 2

Mちゃんの自己主張が
クラスの子とのバランスをとる

執筆／太田俊己

　この園がMちゃんに良いのは、思いを聞き届けようとする点です。ほかの子たちとの関係、距離感、対等感も気に留めています。おかげで子どもたちの関係も良さそうです。いくつか秘訣があったと思います。①Mちゃんの思いをくむ、②ほかの子の思いもくもうとする、③保育者が「対等」「公平」への意識をもち、子どもたちに任せている、④子どもたちの喜びを大人もともにしている、ことです。

　子どもに期待し、できるよう支援し、結果として育っています。その目安は、Mちゃんの自己主張。身体にハンデがあると不本意ですが、人に従わされます。また、周りが気を遣いすぎると主張は弱まります。Mちゃんの自己主張が、今後も弱くならないよう願います。

ごめん、通して

好きな
あそびから
戻って来ない
Tちゃん

 気になる姿

基本情報

5歳児男児。父親、母親、姉、兄との5人家族。2歳児で入園。専門機関を受診したが、障がいの診断は受けていない。口数の少ない外あそびの好きな子という印象。3歳児への進級時、もち上がりの担任がいなかった。

3歳児クラスへの進級当初は、食事の時間に担任が園庭であそんでいるTちゃんを迎えに行くと、クラスに戻って来た。しかし、新しいクラスになじんできた頃から、担任や主任、園長が代わる代わる声をかけても戻らなくなり、園庭で1人であそび続けている。担任が抱っこやおんぶで、クラスに連れて戻っている。また、頻繁に職員室を訪れ、園長や主任と過ごすことが多くなった。クラスの友達とかかわることが少なく、友達への関心も薄い。

Tちゃん、
給食食べよう

ココで考えたいこと

集団に入らない子の背景は？

集団に入らない子の背景はいくつか考えられます。①集団場面では落ち着かない、②集団場面に魅力がない、③好きなものが集団場面の外にある、④大人や子どもとの関係があまりない、など。

自分ではどうしようもない場合には、行動規制されると嫌がり、二次的な問題が始まることも。自分から行動する経験が乏しい場合は、説得を繰り返すと集団に入れることもあります。いずれにしても、子どもの思いに沿って行う対応が、インクルーシブな保育では大事。見極めた対応が必要です。さて、Tちゃんの場合はどうでしょうか。

子どもの様子と園の対応

落ち着く場所を求めて

3歳児 4月〜

　3歳児クラスへ進級したTちゃんは、毎日園庭で泥んこになってあそんでいました。当園は、子どもたちが好きな場所で好きなだけあそべるように、細かい時程は設けていません。クラスで集まる時間はありますが、その気持ちが芽生えるまで強要しないことになっています。Tちゃんは砂あそびをしながら、前年の担任のそばで過ごしたり、4歳児や5歳児の活動を見に行ったりして、興味をひかれたものを追いかけるように行動していました。

　またクラスで集まる時間の前後には職員室を訪れ、園長や主任と一緒に過ごすこともよくありました。しかし、新しいクラスに慣れてくると、食事の時間になってもクラスに戻らなくなり、だれもいない園庭で1人であそんでいます。

> **保育者のおもい**
>
> 　進級後の時期は、Tちゃんのような行動をとる子が多い。特に3歳児クラスは、もち上がりの担任がいなかったため、気持ちの落ち着く場所や特定の大人とのかかわりを求めて、このような行動になっていると考えられる。Tちゃんの行動も規制せず、その場に居合わせた保育者が見守るようにした。

ひたすら虫を探す日々

4歳児 4月〜

　4歳児に進級すると、Tちゃんの興味は砂や泥から虫に変わりました。プランターの底や花壇のレンガの隙間をのぞいて、ダンゴムシやカミキリムシを探しています。やはり食事の時間になっても保育室には戻らず、担任が迎えに行き、やっと戻ったと思うと、また園庭に出て行ってしまうことを繰り返していました。この頃になると、担任の抱っこやおんぶでは、クラスに戻らなくなっていました。

効果的に園内放送を使って

4歳児 7月〜

　夏が近づき、担任は、熱中症を心配して「ずっと外にいると病気になってしまうから、室内であそぼうね」と伝えますが、Tちゃんは相変わらず、園庭に虫を探しに行きます。強引にクラスへ連れて戻るしか方法はないのだろうかと悩んでいたとき、園内放送が流れるのを聞いて、園庭にいたTちゃんが急いでクラスに戻る姿に気づき、その夏は放送を活用しました。放送を利用することの是非については職員間で話し合い、Tちゃんの健康を優先することにし、本当に必要なときだけ放送を使うことにしました。

> **保育者のおもい**
>
> 　Tちゃんは大人とのかかわりを求め、クラスから出て行くことを繰り返していたと考えられる。熱中症はかなり心配した。園内放送でクラスに戻ったのは、毎月の避難訓練の体験から、放送で危険を知らせることを知っていたからだと思う。

友達と一緒に

　秋になると、Tちゃんと一緒に2、3人の男児が虫を探すようになりました。男児たちは虫を見つけるとまずTちゃんに見せます。「これはカミキリムシ」「この虫は毒があるよ」とTちゃんが説明していました。それからは、担任が子どもたちに「この虫は何?」と聞くと、「Tちゃんに聞いてくる」と聞きに行くようになりました。

　その頃からTちゃんは、友達と過ごす時間が増え、少しずつ集団のリズムに合わせた生活を送るようになりました。

虫探しは続いても、クラスの仲間に

　5歳児に進級しても、Tちゃんの虫探しは続いています。しかし、クラスの時程に合わせた行動も増えてきました。周りの友達は、時折集団から抜けてしまうTちゃんの批判もしますが、仲間として良いところは認めています。

　Tちゃんも自分の体験や考えたことを友達に話したり、クラスの中で発表したりする姿が見られるようになってきました。

> **保育者のおもい**
>
> 　男児たちとって、毎日虫探しに没頭するTちゃんは気になる存在だったと思う。Tちゃんと行動をともにすることで、虫のいる場所をよくわかっていて、自信をもって大好きな虫について話すTちゃんに一目置くようになり、仲間として認識していったと考えられる。

保育を振り返って

　周りを意識することなく、好きなあそびに没頭するTちゃんが、大好きな虫を通して友達とつながり、園庭からクラスへと居場所を広げていきました。Tちゃんの生活は、毎日同じことの繰り返しのようですが、その中に気づきがあり、感じたり考えたりしながら、自分なりの知識を蓄えていったのです。

　担任は、安全にあそぶための配慮をしながら、外であそびたいというTちゃんの意思を尊重しました。友達は、Tちゃんの意思が大人に尊重されていることを感じるからこそ、Tちゃんのあそびに興味をもち、Tちゃんの良いところを知ることができたのだと思います。

インクルーシブな対応

Point 1

あそび込む姿から生まれる
つながり

執筆／広瀬由紀

「好きな場所で好きなだけあそべる」「細かい時程を設けていない」「集まりたい気持ちが芽生えるまで集まりへの参加を強要しない」という園の方針で、Tちゃんは、3歳児クラスのときは砂や泥、4歳児クラスになると虫にかかわってめいっぱい集中してあそび込むことができました。あそび込む姿は魅力的です。Tちゃんの姿に2、3人がひきつけられて一緒にあそぶようになったことは、自然な流れでしょう。

一方、Tちゃんから見ると、周囲の子とつながり合って楽しく過ごす経験となり、居場所が広がり、集団のリズムに合わせた生活を送ることへの抵抗を減らすことになりました。

Point 2

「そろって過ごすこと」の
意味を考えて

執筆／太田俊己

Tちゃんの園生活の思い出は何でしょう。間違いなく外あそび、虫探しに浸った日々。「困る子」は、本当は「困っている子」という名言がありますが、集団に入らないTちゃん自身は、「困っていた」でしょうか。園生活では、困っていなかったと思えます。しかし保育者は、葛藤し悩んだよう。それは「ほかの子たちと同じ、園での経験をさせてあげたい」と思っていたからです。

Tちゃんから学ぶのは、ほかの子たちと「そろって過ごすこと」の意味。もしかすると、「そろって過ごす」ことや、「同じ経験」をするより前に、まずは一人の充実が、インクルーシブな保育の本来大切にしている部分かもしれません。Tちゃんも、最後にはみんなとの関係ができたのですから……。

言葉の遅れがあり、コミュニケーションが難しいWちゃん

気になる姿

基本情報

5歳児女児。父親、母親との3人家族。4歳児で入園。自閉症と知的な遅れがあるとの診断を受けている。園のほかに、民間の療育センターにほぼ毎日通っている。

入園当初から自分のペースで動き回り、保育室から出て行ってしまうWちゃん。言葉の遅れやコミュニケーションをとることの難しさに加え、小石をずっと口の中に入れていたり、池の水を口に入れたりするなど衛生上、心配な行為が見られる。やめるように声をかけると、たたく、蹴る、持っている物を投げるなどして、自分の行為が禁止されたことへの強い不満を表す。味覚にはとても敏感で、食べられるもの、飲むものは限られている。

ココで考えたいこと

すること、やること、関心のレパートリーが少ない

異食、自傷、他害など、病気やけがにつながりかねないケースでは、保育にも緊張が走ります。まずは安全・衛生の確保。原因はわかりませんが、すること、やること、関心のレパートリーが少ない場合に見られます。新学期などで、場慣れ、人慣れしていないときに多くなります。

すること、やること、関心を、生活を通して少しずつ広げられると、目立つ行為は減るようです。やはり、きちんと子どもらしい生活を重ねることが第一に大事だということです。

子どもの様子と園の対応

4歳児
4月上旬

制止する思いが伝わらず、激しく拒絶される

　入園当初、門でお母さんと離れても、園舎に入ることを拒み、担任の手を振りほどいて園庭を走り回っていました。園舎に入るように促しても、激しく拒絶（かかわっている保育者をたたく、蹴るなど）するので、クラスの窓際に置いた箱に通園かばんを置き、そのまま園庭であそべるようにしました。

　園庭では、5歳児が植えた花やミニトマトの青い実などを次々と摘み、バケツやコップの水を辺りかまわずにまくので、周囲の子どもにかかってしまうこともありました。また、近くにいる保育者がやめるように声をかけたり、声をかけようと近づいたりしただけでも、持っている物を放り投げ、その場から駆け出していくので、投げた物が近くの子に当たってしまうこともありました。

なんでも口に入れてしまう

　Wちゃんは、あそびの時間はほとんど園庭で過ごしていましたが、小石をずっと口の中に入れていたり、池の水を口に含んだり（飲み込んだかどうかは不明）、砂場のじょうろをくわえて中の水を飲んだり、といった行為が目立ちました。また、虫が好きで、ダンゴムシやミミズを探して集めているうちに、ダンゴムシを口に入れてかんだ（このときはさすがに苦かったのか、顔をしかめてすぐに吐き出した）ために、フリー保育者がそばにつくことにし、他児に危険が及びそうなときや、衛生上問題な行為をしそうなときは、事前に止めるようにしました。

4歳児
4月下旬

お弁当をみんなと過ごす楽しいひとときに

　入園前にお母さんから、Wちゃんは味覚にとても敏感で、食べられるものも飲むものも限られていると聞いていたので、お弁当には食べられるものだけを入れてほしいと伝えました。お弁当が始まると、最初は座って食べることができず、立ったまま手づかみで食べ、近くの子どもや隣に座っている保育者のおかずを取って食べていたWちゃん。しかし、食べないと言われていた唐揚げを選んで食べるなど、お母さんから聞いていたほどの偏食ではないことがわかり、安心しました。クラスの子どもたちも、Wちゃんが好きなおかずを取りに来るのがわかってきたので、そばに来るとお弁当箱を手で隠したり、担任やフリーの保育者が、おかずを多めに入れてきたりして、Wちゃんとのやり取りを楽しみました。お母さんには、Wちゃんが関心を示して食べたおかずを伝え、お弁当に入れてもらうようにしました。

保育者のおもい

　Wちゃんの気になる行為を止めるだけではなく、一緒に虫探しをしたり、集めたミミズで魚釣りに誘ったり……。Wちゃんが興味をもっていることを共有したほか、フリー保育者とも話し合って、なんとか関係をつくっていこうとした。

お母さんとの連携

　Wちゃんにとって、お弁当はうれしく待ち遠しいものだとわかったので、お母さんにもWちゃんが関心を示したおかずを伝え、お弁当に入れてもらうようにした。「いただきます」を待てずに、こっそり弁当箱の蓋を開けて、おかずをつまんで大急ぎで口に入れる光景も見られたが、このようなことを含め、クラスのみんなと一緒に過ごす楽しい時間となっていった。

同じ場を共有してかかわるように

4歳児 1月〜3月

　Wちゃんは、ずっとほかの子のあそびに加わるということはなかったものの、絵を描くのが好きでした。4歳児の3学期頃から、絵の好きな女児のそばで、絵を描く姿が多く見られるようになりました。また、Wちゃん自身も長い髪をしていますが、女児の長い髪に関心があり、長い髪の女児を見かけると後ろに行き、髪を手でとかします。びっくりする子もいるのですが、「長くてきれいな髪の毛が好きなんだよ」と担任が伝えると、黙ってそのままとかさせてくれました。Wちゃんは二語文程度でしか話せないため、言葉でのコミュニケーションは難しいのですが、このような場面でしだいに、他児がWちゃんに話しかけるようになり、園庭でもクラスの中でも、Wちゃんがクラスのみんなと一緒に過ごすことが当たり前になってきました。

口の中の小石はメッセージ!?

5歳児 11月下旬

　クリスマスの準備が始まり、5歳児はページェント（キリストの降誕劇）の練習を毎日少しずつ行うようになりました。Wちゃんは羊飼いの役になったので、保育者がそばにいて、舞台に出るタイミングなどを伝えていました。Wちゃんは保育者がそばにいれば、その場にいられたので、特別に心配なことは感じられませんでした。

　ある日の練習が終わり、園庭に出てひとしきりあそんだWちゃん。担任の所へ来ると、口から小石を出して手渡してくれました。外にあそびに出て、すぐに口に入れたようです。Wちゃんが口に何かを入れたのは、久しぶりだったので驚きましたが、劇の練習は、Wちゃんにとっては、ストレスの多い時間だったのだと思いました。それでも、口から小石を出して担任に渡してくれたのは、"私はもう大丈夫"というメッセージのようにも感じられ、少しうれしくなりました。その後、Wちゃんは他児の動きになんとなくついていっているようで、Wちゃんにしてみれば、一緒にあそんでいる気持ちになっているのだと思いました。

保育を振り返って

　大きな行事や、何か劇的な体験があって、子どもたちが成長していくこともあるかもしれませんが、地域の子どもたちが園に集って、仲間と一緒にブランコや滑り台などの遊具を共有してあそぶ、一緒に虫を探したりお弁当を食べたり、歌をうたったり絵を描いたりして過ごす、そうした日常の園生活の積み重ねの中で、子どもたちは互いにかかわりながら成長していくのだと思います。

　Wちゃんの2年間の園生活を振り返ってみると、園として何か特別なことをしてあげられたということはなく、「同じ地域で育つ子どもたちが出会い、お互いに受け入れながら過ごし、当たり前の生活を積み重ねていくこと」を保障したということだったと感じています。

インクルーシブな対応

Point 1

困ったときは、
発想を転換して子どもを見る

執筆／広瀬由紀

　4月当初、保育者は「気になる行為を止めるだけではなく、なんとか関係をつくっていこう」という考えのもと、Wちゃんの興味のあるものを共有できるように試行錯誤してかかわっています。また、「行動が起きてから止める」のではなく「事前に止める」ように心がけ、Wちゃんと良好な関係でかかわれるように努めています。

　お弁当のときも「勝手に取ってしまう＝困る＝やめさせる」のではなく「Wちゃん＝おかずを取りに来る＝（その前提での）食事をいかに楽しめるか」と発想を転換しています。保育者がWちゃんを"おもしろがって"見ている姿は、周囲の子がWちゃんを理解しようとするときに、肯定的に作用し、その後の姿にもつながっていると感じます。

まだ
食べられ
ないよ

Point 2

一人一人を受容し、
肯定するかかわりを基本に

執筆／太田俊己

　食べられるものは限られるという保護者の話でしたが、園では待ちきれずにお弁当を食べたり、ほかの子や担任のお弁当からおかずを食べたりしたWちゃん。それが楽しいやり取りになったのは、この園の、子どもを受け止めるなごやかな雰囲気・姿勢があったから。Wちゃんが食べ物を意識し、やり取りをしながら食べられるようになったことを喜び、肯定しています。保育者たちのWちゃんへの受容と肯定が、子どもたちにも伝わります。さらに、子どもたちの中で受容されていることを、Wちゃん自身も感じ、「一緒に過ごせるWちゃん」へと育ったのだと思います。

言葉や
日本の習慣を
理解できず、
戸惑うAちゃん

気になる姿

基本情報

5歳児女児。母親、兄との3人家族。父親は数年前に母国で亡くなり、親戚を頼って3月に来日。4月に5歳児クラスに1年保育で入園。知的・身体的障がいはない。母親も母語しか理解できない。

　やむを得ない事情で来日した母子家庭のAちゃん。日本語も英語も理解できないまま、外国籍園児の多い当園を選んで入園した。5歳児クラスに進級した外国籍の子どもたちは、仲間とあそびを楽しめるようになっている。しかし、Aちゃんは5歳児からの入園で、母国とは違う言葉や生活習慣などに慣れることから、園生活をスタートしたので、環境の大きな変化に戸惑っている。思いをうまく伝えられず、不安そうな様子である。

ココで考えたいこと

言葉が伝わらないもどかしさに寄り添う

　Aちゃんやその家族にとって「外国」である日本。伝えたいことが伝わらないことへのもどかしさはどれほどでしょうか。

　また、言葉の伝わりにくさとともに、文化や習慣の違いも子どもや家族を不安にさせる要因となります。子どもや家族の抱えるストレスを、分かろうとしてくれる人の存在は心強いものです。一歩外に出れば、今までなじんできた慣習や生活とは違う世界の中です。園は、少しでもホッとできる空間となるように、保育者は不安に寄り添う存在となれるようにしたいものです。

子どもの様子と園の対応

目的がなく、不安そうなAちゃん

5歳児 入園～4月

　Aちゃんは、始業式から5歳児クラス（25人）の一員となりました。最初は、クラスの子どもたちのあそびに入ろうとせず、自分の心の赴くまま、興味があるものに向かって、保育室や園庭を動き回っていました。4歳児クラスから進級したほかの外国籍の子どもたちは、仲間と自分たちのあそびを楽しんでいましたが、Aちゃんは担任のそばから離れず、みんなの様子をうかがい、不安そうにしています。

　そこで、保育者や保育コーディネーター（Aちゃんの母国籍の大学院生）があそびに誘い、一緒にあそぶようにしました。すると、4月後半には、少しずつみんなの中に入ってあそべるようになりました。

「おもしろそう」をきっかけに

5歳児 5月～7月

　6月に入ると、園内では夕涼み会を話題にしたり、お祭りの出店ごっこをしたりしてあそぶ姿が見られます。5歳児の間では、少し前からドラキュラごっこがはやっていたので、お化け屋敷をイメージした製作もできるよう、担任があそびの素材庫「アトリエ」に素材（色画用紙やプリンカップなど）を用意しました。すると、何人かがコウモリや骸骨などを作って天井からつるし、喜んでいました。そのとき、5月頃からアトリエに興味をもち、紙芯で望遠鏡などを作っていたAちゃんの姿が思い浮かびました。

　保育コーディネーターと話し合い、Aちゃんに「お化け」が理解できるように説明してみました。Aちゃんは、みんなが楽しんでいるアトリエを何日か眺めていましたが、少しずつお化けに興味をもった様子。ある日、自分から「作りたい」とアトリエに入ってきました。担任が「何を作りたいの？」と尋ねると、仲間が作ったお化けを指差しました。一緒に素材を選ぶと、気に入ったお化けをまねして作り、「飾って」というしぐさをしました。その後、隣で違うお化けを作る子に「これ、なに？」と聞く姿が見られました。

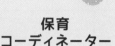

保育コーディネーター

　10年ほど前から、外国籍（中国、フィリピン、ウズベキスタン、韓国）の子どもが複数人在籍しており、現在では、各学年で約20％が外国籍になった。そのため、数年前から週に1、2回の割合で、外国籍の大学院生を配置。主な役割は、子どもと母親の母語の通訳だが、クラスに入ったときは通訳だけではなく、保育者の一員として一緒にあそぶ。子ども、保護者、保育者の橋渡しなどの、共通理解をサポートしている。

あそびの素材庫「アトリエ」

　多様な発達段階の子どもたちが自発的に製作に取り組めるよう、空き部屋を利用して、子どもたちが自由に素材にふれ、あそびに活用できるスペースとして作った。保育者が棚を設置し、いろいろな紙、空き箱やビーズ、紙パックなどを用意。保護者の協力も仰ぎ、素材を集めている。

得意なリズム体操でリーダーに！

　1学期後半には、園生活に慣れはじめた姿のあったAちゃんでしたが、夏休み明けは逆戻り。通園門から中に入りたがらず、担任が保育室まで抱いて入っていました。

　運動会に向けてクラス一斉の活動が多くなりましたが、まったく興味を示さず、みんなから離れて保育室の隅に。Aちゃんが運動会に楽しく参加するには、どうしたらいいのか、保育コーディネーターとAちゃんの得意なことを話し合いました。Aちゃんが踊ることが好きなことに気づいたので、ある日園全体のリズム体操に誘うと、とても興味を示し、仲間と踊りました。そのとき、振り付けの覚えがよく、仲間から「すごい！」と褒められたのがきっかけとなり、はりきって練習に参加するようになりました。

　そこで、Aちゃんがもっと友達とかかわれるよう、運動会当日は、Aちゃんにリズム体操のリーダーの一人になってもらいました。大勢の人が見ている前で、みんなの手本となったAちゃん。立派に披露し、終了後に仲間や保育者、お母さんに褒められ、とてもうれしそうでした。

活発で明るい本来のAちゃんに

　運動会でリズム体操のリーダーになったことは、Aちゃんにとって大きな自信となりました。その後、アトリエの素材でごっこあそびをしたり、ハロウィンの衣装を作り、クラスのみんなとアレンジをしてあそぶようになりました。また、3・4歳児がAちゃんの作ったものを見て「作ってみたい」と言うと、快く「いいよ」と言い、教えたり手伝ったりして、積極的に世話をする様子も見られました。

Aちゃんの母語で歌を披露

　日本語は、まだたどたどしいですが、落ち着きのある5歳児として成長したAちゃん。クラスでは、発表会の歌の練習が始まり、「小さな世界」を歌うことになりました。日本語の歌詞で練習を始めましたが、外国籍の子もいるので、みんなで話し合い、Aちゃんの母語や英語でも歌えるようにしました。歌詞は、保育コーディネーターやAちゃんに助けてもらい、完成。母語で歌うときは、Aちゃんと同じ外国籍の仲間が先生となり、英語で歌うときは、英語圏の子どもたちが先生となりました。

保育者のおもい

　Aちゃんの環境の変化による心身の負担は、大変大きいものだったと考える。保育者側もAちゃんが視覚で理解できるよう絵本などの教材を用意したり、クラス活動や行事を行ううえで、Aちゃんの得意なことを見つけたりして、良いところを発揮できるよう支援した。結果、仲間に受け入れられ、Aちゃんが本来もっている活発で明るい姿をより発揮できるようになってきたのではないかと考えられる。

保育を振り返って

　夏休み明け、Aちゃんの拒否反応には驚きました。理解できないことを行う不安で、混乱していたようです。本来は、活発ではっきりした性格なので「やりたくないこと」を体と行動で表現したのでしょう。それを受け止めて、得意なことを保育者とクラスの仲間が認めていったことがAちゃんの自信につながりました。得意な面を認めることはAちゃんに限らず、子どもたち全員に必要なことだと再確認しました。

　当園では、さまざまな発達段階の子どもたちが自発的に取り組めるあそびができる環境を大切にしています。例えば「多様な素材を活用できる環境づくり」に取り組み、1階の空き部屋を「アトリエ」にしました。こうした環境づくりの結果が、多様性を支えるインクルーシブな保育につながればと思っています。

インクルーシブな対応

CASE 14

言葉や日本の習慣を
理解できず、
戸惑うAちゃん

Point 1

言葉以外の伝達方法を模索して

執筆／広瀬由紀

　言葉による伝え合いが難しい外国籍の子を含めた保育の中で、「もの」や「動き」を媒介とした活動は、子ども同士をつなげる機会となりました。もちろん、園にいる保育コーディネーターの役割も大きいですが、配置可能な園は限られていて、配置された場合も保育や子どもをよく知らないと、その役割を果たすことが難しい場合もあります。そうしたときに、保育の中で、「言葉」以外の「伝える」「つながる」方法を模索していくことも一つの方法です。後半には、得意な活動でリーダーとしての役割を得たことで、さらに周囲の子から認められ、Aちゃん自身もより生き生きと子どもたちの中で参加する姿につながりました。

お弁当なんだ

Aちゃん
お弁当の時間だよ

Point 2

外国にルーツのある子の
支援は……

執筆／太田俊己

　障がいはありませんが、言語が違い、文化が違う外国にルーツのある子がいれば、インクルーシブな保育が必要です。この例から浮かぶポイントは、①言語的な理解への支援、②活動への参加への支援、③思いと意欲への支援、です。

　①の外国語支援では、保護者ボランティア、掲示物・言葉カードや翻訳アプリの活用などを工夫したいですね。②の得意なこと、できることへの支援は障がいのある子でも共通です。Aちゃんの得意なリズム体操の発見は何よりでした。アトリエでお化けへの関心を引き出したように、関心が広がるとかかわりも気持ちの安定も違います。結果として、③の支援でその子の日々の思いを支え、意欲の出る明日へとつなげるとよいという点も、障がいのある子の場合と共通します。

集団活動が
苦手で、
参加したがらない
Sちゃん

 ## 気になる姿

基本情報

4歳児男児。父親、母親との3人家族。他園の一斉保育や集団活動に関心をもてず、集団生活になじめなかったため、3歳児2学期に転入園。

集団生活への関心は低いが、自分の関心のあることや家庭での出来事は、言葉豊かに話すSちゃん。活動の流れや新しいことへの戸惑いが強く、泣いて表現することが多い。興味をもてない集会やクラス活動などのときは落ち着かないが、好きな砂場あそびや虫探しだと時間を気にせずにあそび込んでいる。

ココで考えたいこと

「自分が知らない世界」を想像するのが苦手

自分の知っていることや経験したことは、言葉豊かに話してくれる一方で、自分の知らない世界を想像したり見通したりすることは苦手なようです。スコップを使って砂を掘ると、その結果が穴の深さとして返ってきます。虫探しも草むらなどを探すと、「いる」か「いない」かが一目瞭然です。しかし、経験がないことだと結果がよくわからず、不安になります。その子を知るヒントは、あそびや生活をする姿にありそうです。知っている世界を足場として、一歩踏み出せる力を保育者が後押しできるかが肝心です。

終わったら、来てね

子どもの様子と園の対応

3歳児
9月中旬〜

Sちゃんの思いに沿って

　3歳児クラスに入園後、すぐ運動会があったため、"一緒に"並んだり踊ったり、待ったりする活動に大きな戸惑いを感じているようでした。とても硬い表情が続き、みんなのそばには来ず、好きな砂あそびを気ままに続けていました。それでも保育者が「Sちゃん、どうする?」と聞くと「やらない」「今日は見ている」と自分の思いを伝え、その後、気の合う友達の姿を見て「声のところだけやる」とみんなの輪から外れた所で少しだけ踊っていました。運動会では「一緒にやってほしい」という大人の思いが優先されがちですが、まずはSちゃんの思いがどこにあるのかを大切にしたいと感じました。

4歳児
9月上旬〜

「難しい、描けない」

　翌年、運動会へ向けての活動が始まると、昨年経験しているためか、Sちゃんなりに運動会のイメージを思い描いているようでした。4歳児みんなでダンスを始めると、一緒にニコニコと踊りはじめました。

　子どもたちと踊るうちに、お面をかぶって踊ろうということになり、お面の台紙に絵を描きはじめましたが、Sちゃんはなかなか描き出せません。しかし、どこかへ行くこともなく、困ったように部屋の隅でみんなを見ていました。担任が声をかけると「難しい、描けない……」と言います。「好きなカブトムシでもいいよ」と言いましたが、「描けない……」の一点張りでした。

　そこで、「お面は今作らなくてもいいし、Sちゃんが決めていいよ」と伝えると、「今日は作らない」と言いました。そして、みんなが自分で作ったお面をかぶって踊りはじめると、どこへ行くこともなく、ゴロゴロしながらみんなを見ていました。

保育者のおもい

　Sちゃんの様子をよく見ると、お面作りに飽きた、やりたくないのではなく、やりたいけれど、どうしたらいいのかわからない様子だった。また、ダンスでは、毎日変わることに"やりたいけど、どうやったらいいのか?"と戸惑い、「やりたくない」と表現しているようだった。Sちゃんは、みんなとの活動に関心がないのではなく、新しいことやわからないことに対して戸惑いや不安を感じ、表現していると思った。

4歳児
9月中旬〜

「Sちゃんがいない」

　運動会のダンス練習のとき、Sちゃんは相変わらず参加しませんでした。でも3歳児の頃とは違い、みんなの動きをじっと見ています。4歳児のダンスは、子どもたちが「自分たちがつくった」という思いをもって楽しめるように、子どもたちの動きを生かし、少しずつ変えながら保育者がつくります。そのため、毎回振り付けが変わっていくダンスになっています。

　クラスの子どもたちは、自分が踊る楽しさから、Sちゃんのことを気にしていませんでしたが、順番に並ぶときに「Sちゃんがいない」と言う声が聞こえました。そのとき担任はSちゃんが一緒に踊らないことを子どもたちの前で否定するのではなく、"自分から動くのを待っているんだよ"という思いで「Sちゃん、後から来るよ」と伝えました。

後から来るよ

仲間のKちゃん、踊りはじめる

　9月下旬、Sちゃんと同様、ダンスを踊っていなかったKちゃんが踊りはじめ、気にしているSちゃん。それでも隅のほうでいら立ったように見ていました。3日ほどたったとき、ようやく「Kちゃんとやりたい」と言い、輪の端っこで踊り出しました。この頃も振り付けは子どもたちと考えながら進めていたので、Sちゃんがふいにジャンプをしたときに「それいいね！　ダンスに入れようか」と声をかけると、「先生のダンスは簡単すぎ。Sはもっと難しいのができるよ」と得意げにみんなに話しました。その後、クラスの子どもたちは「ここは○○ちゃんが考えたところ」「ジャンプのところはSちゃんのところ」と楽しみ出しました。

**保育者の
おもい**

　今は友達の様子を見ているSちゃんの姿を認め、自分から「やってみたい」と思い動き出す姿を待とうと、担任と同学年の保育者間で確認した。何気なく発したSちゃんの一言や動きを子どもたちの中で取り上げたことは、Sちゃんのやる気につながっていったと思う。

いいね！

「やる気満々だよ!!」

　運動会の週になり、園全員の練習が始まりました。大勢が見ている中、Sちゃんがいつものように踊るのか、担任は緊張してポンポンを配りました。すると「S、やる気満々だよ！」とはりきっていました。

　運動会当日、いつもと違う場所でSちゃんが園と同じように楽しんで過ごせるのか？　という不安もありましたが、Sちゃんは「これはSが考えたダンスだよね」と楽しんで踊り、クラスの友達と過ごす様子が見られました。この姿に、担任もお母さんも驚きとともに、大きな喜びを感じました。

保育を振り返って

　新しい活動に参加するときや、思い描いていたことと違うなどの戸惑いから、「やらない」「見ている」と表現することが多くありました。担任には「運動会」という大きな行事のため、友達と一緒にやってほしい思いがありました。しかし、Sちゃんの思いを否定せず、担任もSちゃんへの思いを伝えるようにしました。その際、Sちゃんの気持ちに寄り添い、対話をしながら、自ら動き出すことを見守ったのですが、そのタイミングを「待つ」大切さを感じました。

　Sちゃんは発信した何気ない動きや思いが担任に受け止められ、クラス活動に生かしてもらえたことで気持ちが動き始めました。お母さんとも話し合い、Sちゃんが自分からやりたいと思うのを待ちたい、という思いを共有できたことも大切でした。

インクルーシブな対応

Point 1

戸惑いを受け止め、
自信につなげるかかわり

執筆／広瀬由紀

　ダンスやリレーは、子どもたちが普段の生活より他者を意識しやすい機会だと思います。3歳児のときは、運動会への見通しが立たず、戸惑うSちゃんの思いを最大限に尊重しました。この判断で、Sちゃんにとって「運動会＝戸惑いはあるが、嫌ではない」という思いにつながったようです。それは4歳児になって、Sちゃんなりに参加しようとする様子からうかがえます。しかし、お面作りなどSちゃんにとって予想もつかない活動もあり、「できなかった」経験が気持ちの足かせとなりました。一緒にやりたいものの、一歩踏み出せない状況となってしまったようです。ですが、友達の参加を機におずおずと一歩を踏み出し、保育者や友達の「いいね！」の一声で不安が吹っ切れ、楽しい経験になりました。

どうする？

Point 2

良いところを見極め、
周囲の友達へつなぐ

執筆／太田俊己

　友達と一緒に行う集会や活動をしたがらないSちゃん。障がいが背景にあるかはわかりませんが、孤立し、集団活動ができないグレーゾーンの子と見えるかもしれません。担任は、Sちゃんが集団に入るきっかけをつくろうとします。ほかの子たちにSちゃんがどう映るか、細かく気を遣います。ここにインクルーシブな保育の要点があります。Sちゃんは集団に入れない子ではなく、「今は入らない子」と見ようとしている点。入れるときを探しています。そしてSちゃんが本当はしたいダンスができるよう支えています。また、ほかの子にもSちゃんの「できる」がわかるように支えています。Sちゃんが仲間と一緒にできることをつくり、一緒にできる体験を生み出すのです。「一緒に、良い体験」がインクルーシブな保育の基盤です。

インクルーシブな保育をしている園の
ひと工夫

「予定外もオーケー！」の緩やかな指導計画

インクルーシブな保育をしている園では、月案や週日案等の指導計画を、「○○をやる」ときっちり固めて書くのではなく、「○○のあそびに展開できるように△△を用意する（でもやらないかもしれない）」というように、子どもの姿に合わせた予定変更も考慮（マップ図だけを作っておくなど）して、緩やかに示す園を多く見ます。予測は立てながらも予測外のことも起きうるというスタンスで、その日の子どものあそびを柔軟に考えています。そうすることで、障がいのある子、気になる子も含めた保育が展開できるのです。

切り替えは子ども自身のペースでゆったりと

あそび時間が終わりになったので、「さあ、お昼だからご飯を食べよう」と言っても、わが気になる子は、言うことを聞いてくれません。けれど、大人から強制的に切り替えを求めるのではなく、あらかじめ、次のような配慮をしている園が多くありました。
- 子どもたちと相談して、終わる時間の目安を決めておく（30分くらい余裕をもつとよい）。
- 時間をかけて片づけをする。

子どもたちの中には、声がかかるとすぐに切り替える子、周囲を見て自分の気持ちの整理をつけて切り替える子、自分のあそびが満足することで切り替わる子などがいます。それぞれのペースを大切に、ゆったりと進めることがポイントのようです。

比べない環境で

壁や棚に飾る子どもたちの作品。毎回、子どもの描いた絵や作った物を一斉に並べて掲示すると、つい比べてしまいます。掲示は、今あそんでいる姿をほかの人に見せる目的もありますが、比較するためのものではありません。子どもが胸を張って、思いきり表現できた「自分」を発見するためのものです。インクルーシブな保育をしている園では、比べないはり方、どの子もうれしい掲示をし、作品には保育者の温かい一言が添えられていました。

Part

家庭と
連携する

インクルーシブな保育に欠かせない家庭との連携。
事例を通して、保護者の気持ち、
保護者と向き合うときの保育者の在り方を考えてみましょう。

「気になる子」の保護者を理解する

気になる子の保護者とうまくかかわれないのはなぜ？

保育現場で「気になる子」の保護者の話題になったとき、時折耳にするのが「保護者が自分の子を分かろうとしない」「話し合おうと思ってもなかなか応じてくれない」などの声です。ここで考えたいことは、保育者の言う「分かる」とは、何を分かることなのか？　という点です。保護者は、本当に自分の子を「分かっていない」のでしょうか。また、なぜ「話し合いに応じようとしてくれない」のでしょうか。

まずは、保護者とかかわるときの自分を振り返ってみましょう。

保護者はわが子のことをだれよりも分かっている

仕事柄、発達障がいのあるお子さんをもつ保護者の話を伺う機会があります。お子さんが障がい者手帳を持っているかどうかや、その取得時期はさまざまですが、どの保護者にも共通しているのは、自分の子どものことをよく「分かっている」ということです。赤ちゃんのときに目が合わないことに気づいた、抱っこをされると体が反ってしまう、公園へ出かけると走り回ってばかり、こちらの意図したことが伝わらない……など、愛するわが子の姿をまっすぐに捉えて、気になる姿に気づいたときの様子を話されます。

では、なぜ「話し合いに応じようとしてくれない」のでしょうか。それを考える前に、少し立ち止まって考えたいことがあります。私たち保育者は、

「その子を心から愛おしいと思って（保護者の応援団として）、保護者と話そうとしているのか」

「保護者の今までや今のことをどれだけ知っている（知ろうとしている）のか」

ということです。

応援団の一人として話をする

「気になる子」は、保育者としても戸惑うことが多いお子さんだと思います。しかし、保護者と話すとき、保育者が抱えている困り感だけが伝わってしまうような話し合いは避けたいものです。

先の話のとおり、保護者はわが子の姿をよく分かっています。分かりながらも受け止めきれない、受け入れられない、考えたくない、一人で考えたい……などさまざまな気持ちの揺れ動きがあるのです。そこに、一緒に育んでいる保育者の厳しいまなざしを感じたらどうでしょうか。逆に、その子を愛しくて仕方がないと感じている保育者が近くにいたらどうでしょうか。

保護者の立場になって考えると、保育者はやはり、日々頑張っている保護者の応援団として、話し合える相手であってほしいですね。

一人の人としての生活を想像し、理解する

保育者は、その保護者について、何を知っているかという点も押さえておきたいところです。今までの子育てで、いろいろなわが子の姿にふれたとき、どのように感じ、考えてきたのか、どんな思いで園に預けているのかなどについて、保育者として保護者の話を聞き、少しでも想像できているでしょうか。

目の前にいる保護者の背後には、子どもとともに歩んできた時間の積み重ねがあります。また、「○○ちゃんの保護者」だけではなく「職場の○○さん」「妻（夫）としての○○さん」「娘（息子）としての○○」などさまざまな顔があり、それぞれの立場で抱える葛藤や悩みがあるかもしれません。それら全てを理解することは難しいですが、積み重ねてきた時間やさまざまな顔を少しでも知ろうとし、想像してみることが、保護者を理解する一歩になると思います。

思い込みはキケン!?

こんな話があります。保育者のYさんは、お迎えの後に、スーパーで唐揚げやお惣菜を買っている偏食の強いAちゃんの保護者を見かけました。そのとき、「保護者がきちんとご飯を作らないから、偏食が助長されるのでは……」と思ったそうです。でも面談の際、さりげなく夕食について話を聞いてみると、保護者は以前、子どもに少しでも何か食べてほしいと工夫して料理をしていたものの、食べてくれない毎日の中で、料理を作ることへの意義を見いだせなくなってしまったということだったのです。そうした苦労を経ての「今」があることを忘れてはいけないと思われるエピソードです。

「気になる子」の保護者と
つながる

つながる目的を考える

　「気になる子」の保護者を理解したうえで、保護者とつながることについて考えてみましょう。まず押さえたいことは、その目的がどこにあるかということです。「子どもが療育機関などへ行く」こと、「集団生活における子どもの難しさを認める」ことでしょうか、それとも「子どもとともに生きていく保護者の応援をする」こと……？？　その目的を踏まえたうえで、次にどうすればいいのか方法を考えてみましょう。

日々少しずつ距離を縮め、
信頼でつながる

　保護者とのつながりを考えたとき、まず挙げられるのが「話ができる」関係を築くことではないでしょうか。この場合の「話」は、子どものことでもそうでないことでもよいと思います。とにかく保護者にとって、保育者が「話のできる・話しやすい相手」として感じてもらえているか、ということです。

　保護者との距離を少しずつ縮めていく鍵は、送迎時に言葉をかけることや、連絡帳を丁寧に書き、返していくことです。いずれの場合も、その子の「かわいさ」「魅力」「育ちのおもしろさ」などをしっかりと伝えていくことが大切です。子どもや保護者にとって保育者は味方であり、応援している立場であることが伝わると、その保育者はとても頼もしい存在として映ります。

　子どもはほぼ毎日通園しています。このことは、保護者とつながり合えるチャンスが毎日ある、ということでもあります。目の前にあるチャンスを逃さないようにしましょう。

おうちでは
どうされて
いるのですか？

そうですね…

「話を聞く」ことから始める

一方、保育者も保育を展開するうえで、気になる子とのかかわりなどで悩むこともあると思います。そのときは、保護者と話ができる関係になったうえで、園での試行錯誤の過程をありのまま伝え、家庭での工夫を教えてもらうというスタンスで、話を切り出してみるのも一つの方法です。

保育者は、集団の中で子どもを見るうちに、**気になる点を保護者に「伝えたい」という思いになりやすい**のですが、**あえてそこを抑えて「聞くこと」から始める**のです。保護者もさまざまな不安や葛藤を抱えている中で、話を聞いてくれる保育者の存在は、心強く映ることでしょう。温かい話し合いの中で得たさまざまな情報は、園でのかかわりのヒントにつながるかもしれませんし、保護者の思いを垣間見るきっかけになるかもしれません。

子どもが困っていることを伝える

"温かい話し合い"にするために気をつけたいことは、子どもが見せた行動だけを取り上げて話すのではなく、**読み取った行動の意味と対応を話す**ことです。その子自身が困っていることは何か、それに対し、保育者としてどのように向き合ったのかを保護者に伝わるように話すのです。子どもが見せた予想外の姿に対して、保育者がかわいい、おもしろいと感じたことが伝わる話し方であれば、保護者も身構えずに聞けることでしょう。

保育者自身の捉え方や取り組みを知らせることで、保護者は一緒に子どもを育てているという意識が高まります。そのうえ、子どもとかかわるヒントが得られるならば、保育者への信頼はさらに増すでしょう。せっかく時間をとって話すのであれば、相乗効果を生み出したいものです。

実際の保護者とのかかわりについては、次ページからの保育現場の事例（112-125ページ）を参考にしていただければと思います。

話をしても、子ども同様に忘れてしまうお母さん

 ## Aちゃんとお母さん

基本情報

5歳児男児。父親、母親との3人家族。

　Aちゃんは話したことに対して返事はするが、聞いていないことが多い。Aちゃんのお母さんも穏やかで人当たりがよく、話をすると「はいはい」と相づちを打つが、次の日になると話を聞いていなかったのか、まるで初めて聞いたような反応をすることが多い。

保護者とのかかわり

子育てと仕事でめいっぱい!?

　お母さん自身が「私は器用ではないので」と言うように、子育てと仕事で毎日めいっぱいの様子。Aちゃんの一日の様子を話すと相づちを打ちますが、次の日には忘れています。しかし、保育者に対しては"話を聞かなければ申し訳ない"といった気持ちもうかがえます。

　いつも忙しそうな様子なので、自分が帰ってからするべきことなど、ほかのことを考え、たくさんのことに意識を向けようとするので、今ここに気持ちがないのかもしれない……と推察していました。

園で予備を用意

　明日の予定を覚えていられないAちゃんへの支援として、Aちゃんが翌日に使う物などは、担任が手紙や口頭でお母さんに伝えています。「明日は畑に行きますので、軍手を持って来てくださいね」と担任が口頭で伝えると、「はいはい、わかりました」と応じてくれます。でも翌日に確認をすると「あ、すみません！　すっかり忘れていました」と言われることが多く、必要な物がそろいません。Aちゃん同様にお母さんも少し忘れっぽいところがあるようだったので、園ではAちゃんが困らないように、用意できる物は予備を用意し、使えるように配慮していました。

軍手は…
すっかり忘れていました

忘れ物に気づいたAちゃん

発表会の練習をしようとしたときのことです。クラスの友達は、その日に使うTシャツを家から持って来ていました。自分だけ園の物を使っていることに気づいたAちゃん。気にしないよう配慮していたつもりでしたが、「先生、Aのだけない」と気にする素振りを見せました。担任がどうしたいのかを尋ねると、「自分のを持って来たい。でも、Aもママもすぐ忘れちゃうから……」と言いました。このとき、Aちゃん自身が忘れてしまうことに気づいていたので、うれしくなり、「忘れちゃうことに気づけてすごいじゃない！　一緒に忘れないようにしていこうよ！」と話しました。

変わろうとする子どもの姿をお母さんに伝えて

この日の帰りがけ、Aちゃんのお母さんに「忘れてしまうことに気づけたAちゃんは立派ですね。私なら、忘れてしまったことを隠そうとしてしまうかもしれません。それを素直に、忘れないようにしたいと自分で変わろうとしています。なかなかできることではありません。すばらしいお子さんですね」と伝えると、お母さんは「私が忘れちゃうから……」と恥ずかしそうに応じてくれました。担任が「でも、お母さんはそのすてきなAちゃんを育てているんですよ」と言うと、また恥ずかしそうにしていました。

その後、Aちゃんは担任の提案で、「忘れないようにしたい！」とメモをとり、自分で持ち物を用意するようになりました。お母さんも「明日は何がいるの？」とAちゃんに確認したり、担任に「さっきの話、もう1回教えてください」と尋ねてくれたりするようになりました。

振り返って

お母さんの忙しそうな、また忘れっぽい様子から、Aちゃんの課題の共有や支援の相談を、半ば諦めていました。しかしAちゃんが、Tシャツの一件から、持ち物の用意は自分で行おうと意識しはじめ、前向きな気持ちをもってくれました。発表会前だったので、仲間とのつながりを感じはじめ、自分もクラスの一員だという意識も高まっていました。また、ちょうどAちゃんが字を書けるようになったので、必要な物をメモする方法を提案しました。その後、忘れ物は少なくなり、お母さんもAちゃんの成長ぶりを報告してくれるようになりました。

家庭と連携するには

執筆／太田俊己

園とお母さんのすれ違いは、①園からの話をよく聞かない、②園で使う物の持参を忘れる、の2つ。しかし、ここでの問題は、園でのことを家庭であまり話題にしていないことではないでしょうか。今日のAちゃんの様子、明日Aちゃんのしたいことが話題になれば、翌日の予定や使う物も自然と話題に出るはず。この例では、Aちゃんがけなげにメモをとり、自己管理をしたことから忘れ物は減りました。

忙しい家庭が多くなりました。それでも園でのわが子のことが家庭で話題になるように、きっかけづくりをすることが大事です。遠回りですが、ドキュメンテーションを作成したり、連絡帳を書いたりすることもきっかけになります。

園や
保育者に
距離感のある
お母さん

Nちゃんとお母さん

基本情報

5歳児男児。母親との2人家族。5歳児の7月に転入園。

　Nちゃんは以前通っていた園で友達関係がうまく築けず、お母さんが園に不信感を抱いて、転園してきた。しかし、以前の園と同じように、なかなか同年齢の子の輪の中に入れない。友達とのかかわり方がわからず、気に入らないときは手を出してしまう。お母さんとは送迎のときに顔を合わせるが、なかなか目が合わない。愛想笑いで挨拶を返してくれる程度だった。ほかの保護者とも挨拶は交わさず、うつむき加減で会社に行くことが多い。

保護者とのかかわり

Nちゃんの良いところを伝えて

　まずはお母さんとの信頼関係を築くことが大切だと考え、会えたときにはその日のNちゃんの様子を伝えることにしました。Nちゃんは一人っ子ですが、うんと年下の子にはとても優しく、だれかが困っていると自然と助けてくれる親切なところがあります。そのことを何回かお母さんに伝えていましたが、以前は「そうですか」としか言いませんでした。でもこの日は、なぜかとても驚いた表情とともに、うれしそうな顔をして「そうなのですね！　そんな優しいところがあったのですね」と言ってくれました。この日を境に、お母さんとは少しずつ話せるようになり、機会あるごとにNちゃんの良いところを伝えていくうちに、少しずつ心を開いてくれました。

Nちゃんは悪い子？

　普段4・5歳児は異年齢クラスですが、運動会に向けての活動では学年で過ごします。5歳児は、すでに仲の良い友達同士であそびを展開していて、転園してきたNちゃんは、うまく仲間に入れないようでした。友達とのかかわり方がわからず、相手が言葉で伝えてきても、自分の思いと違って気に入らないときには手が出てしまうので、学年の中で"Nちゃんは悪い子"というイメージがつきはじめていました。

　そこで、月1回来る発達支援センターの臨床心理士にNちゃんの姿を伝え、見てもらったところ、「愛着関係がうまくいっていないのかな？」とのこと。また、「自分の気持ちに折り合いをつけることが難しいようなので、まずは相手にも思いがあることを理解する必要がある」という話を聞くことができました。

保育中のかかわりを見直す

臨床心理士の「愛着」という言葉から、お母さんだけでなく、自分も担任として真剣にNちゃんと向き合い、愛着関係を築けていたのだろうか、という疑問が浮かびました。それからはあそんだりご飯を食べたりする中で、Nちゃんが気づいたことには「先生も気づかなかったよ。さすがだね、ありがとう」と自信につながる言葉をかけました。すると、ふれられるのが苦手だったNちゃんが、自ら「手をつなごう」と言ったのです。Nちゃんは自信がついてきたのか、気の合う友達に声をかけるようになりました。しかし、衝動的な行動は完全には収まらなかったので、お母さんと面談をし、相手にも同じように思いがあることを伝えようと話しました。

Nちゃんの気持ちを聞く

少しずつ成長していく中で相手にも思いがあるということに気づいたNちゃんですが、どうしても衝動を抑えることができず、ある日、友達の頬をパンチしてしまいました。とても後悔して、涙を流していたので、私も「Nちゃんが変わろうと思わないと変われないんだよ、我慢も大事なことだよ」と訴えかけました。すると「本当はたたきたくない。変わりたい」と話してくれました。

再度の面談で向き合えた

そこで、主任、副園長に相談し、副園長がお母さんと面談をすることに。面談では、Nちゃんはいけない子というのではなく、Nちゃんが衝動的になる気持ちをどうしたらいいのか、本人が困っていることを主に伝えていきました。するとお母さんは、その話を真摯に受け止め、幼い頃両親から虐待を受けていた自らの過去をも話してくれました。その面談を境にお母さんがしっかり向き合ってくれるようになり、Nちゃんも明るく、同年齢の子と折り合いをつけてあそんでいます。

振り返って

「困った子」と見がちなところを、見方を変えて、「困っているNちゃんとお母さん」という視点で見ていくと解決策が見えてくるのかもしれません。自園だけでどうにかしようとするのではなく、専門的な知識をもった方々の協力を得ながら進めていくことの大切さを感じました。また、お母さんもだれかに話を聞いてほしかったのかもしれません。一人でも心を開ける人がいるという安心感が、このお母さんには必要だったようにも思えます。

家庭と連携するには

執筆／広瀬由紀

Nちゃんのお母さんは、以前通っていた園に対して不信感を抱いていたこともあり、園や保育者への不安や緊張が高く、ガードを堅くしていたのかもしれません。保育者は、Nちゃんの姿に考えることもあったと思いますが、それはあえて伝えず、良いところを話し、保護者との関係構築を優先します。

一方で、臨床心理士の言葉をヒントに、自分の保育やかかわりを見直したことで、Nちゃんとの関係に変化が生まれました。保育者を安心できる基地として、Nちゃん自身が自分の気持ちを声に出すことができ、その声がお母さんに届きました。困っているのは子どもとお母さんという見方は、連携で大切にしたい視点です。

子どもの
できないところに
目が向く
お母さん

 ## Hちゃんとお母さん

基本情報

4歳児女児。父親（単身赴任）、母親との3人家族。自閉症の疑い。3歳児、4月入園。

自閉的傾向があり、集団生活が苦手なHちゃん。お母さんは、落ち着かないときのHちゃんの発言に左右されやすい。園でのHちゃんの様子を事細かに教えてほしいというお母さんだったので、Hちゃんの良いところのほか、友達とのトラブルなどの事実を伝えた。しかし、お母さんの心配は解消されず、「友達の気持ちを察することが苦手だから……」「周りの子と同じようにできない」などとネガティブに捉える発言が多い。

保護者とのかかわり

いら立つお母さんの姿が気になって

4月、進級当初のHちゃんは登園を渋り、公共のバスに乗る際、お母さんに激しく抵抗するため、バスに乗れないこともあります。ある朝、お母さんから、担任にバス停まで迎えに来てほしいとの電話がありました。保育中の私はフリー保育者と交代し、園の玄関で待っていました。

すると、泣きながら引きずられているHちゃんと、息を荒くしたお母さんがやってきました。「いい加減にしなさい」とHちゃんに向かって言い、担任に「どうして迎えに来てくれないんですか？　朝から好き放題言って、この子ひどいんですよ」と言い放ち、仕事に向かいました。Hちゃんが自分の思いどおりにならないことにいら立ち、余裕がない様子でした。

Hちゃんの良いところに目を向けてもらえるように

5月、Hちゃんは夜、寝る前になると、園の中で抱いたモヤモヤをお母さんにぶつけるようになったようでした。お母さんは「幼稚園嫌い、お友達嫌いって言って、仕事の後に暴れ出されてしんどいです……」と送迎時に話していました。

Hちゃんに対応できるように、園での様子を把握したいというお母さんに対し、担任はHちゃんの友達とのやり取りや保育者の仲立ちの仕方を説明しました。加えて、会うたびにHちゃんの良いところ、肯定的な話をするように心がけました。「年下の友達に玩具を譲ってくれました」「なわとびに根気よく取り組んで頑張り屋さんですね」などと伝えてきましたが、親子の関係に変化は見られませんでした。

お母さんの悩みを初めて知る

7月、お母さんから面談を求めてきました。面談の内容は、S‐M社会生活能力検査の結果を共有したいという話と、最近Hちゃんが祖父母との登園を望んでいるということでした。「理想は私との登園ですが、Hとうまくいかないことが多いので悩んでいます。でも、祖父母も体力的に厳しいので」と祖父母にサポートを頼むことをちゅうちょしていました。

担任は、この面談までお母さんのことを自己中心的な人と思っていましたが、お母さんも悩んでいたと知りました。そこで、お母さんへの配慮が不十分だったと気づき、「Hちゃんの気持ちがなるべく安定し、友達とのかかわりの中で成功体験を増やしていけるよう、援助したいです」と話すと、「ありがとうございます。少し安心しました」と言ってくれました。

Hちゃんとお母さんに変化が

9月、突然お母さんの送迎が減り、ほとんどが祖父母になりました。一方、Hちゃんは穏やかに登園し、落ち着いている日が増えました。余裕が見られて良いと思う反面、祖父母に頼らざるを得ない状況も心配でした。

9月中旬、久々にお母さんがHちゃんを迎えに来た際に、表情が柔らかい印象でした。声をかけると、お母さんは「Hの思いを受け止めようと思って。それに、初めてHから幼稚園、楽しいと聞いたんですよ」と話してくれました。担任が「Hちゃんのことを考えながら、お仕事頑張っていたのですね」と言うと、「そうなんです。朝からぶつかることがないと全然違いますね」と少しおどけて答えました。お母さんが、Hちゃんのためと考えてくれていたことがわかり、うれしかったです。

S‐M社会生活能力検査とは

社会生活能力を「自立と社会参加に必要な生活への適応能力」と定義し、子どもの日頃の様子から、社会生活能力の発達を捉える検査。知的障がいや発達障がいなどの特徴をもつ子どもたちへの指導の手がかりが得られる。保護者や担任保育者が回答する。

振り返って

Hちゃんのお母さんは、Hちゃんの困り感を主張しながら、自らの困り感をアピールしていたと思います。子どものマイナス面を聞かされるたびに、お母さん自身が否定されているように感じていたのです。Hちゃんとぶつかるので悩んでいたと知ったときに、お母さんを認める声かけをしていなかったことに気づきました。ようやく登園がスムーズになり、情緒の安定がうかがえるHちゃん。今はお母さんとの距離感のバランスもとれています。

この経験から、保護者を表面的に見るだけでなく、相手の立場に立って考えることが必要だと思いました。難しい保護者対応は一人で抱えず、園の職員で共有し、複数で対応することも大切です。

家庭と連携するには

執筆／太田俊己

送迎での日々のトラブルは、親子のストレスになりがちです。ましてお母さんだけでの子育て、送迎、仕事。さらにその子が自閉的でこだわりがあれば、なおさら、激しい言葉や感情を担任たちにぶつけてしまう状況も半ばわかります。親子で似たようなストレスを抱えてしまうことも、気になる子を抱える家庭では、起きがちです。

左の「振り返って」欄のように、お母さんの心情をくみ取り、支えましょう。それには、保護者の置かれている状況を共感的にわかろうとすること。粘り強く、保護者の姿勢と努力を信頼して、耳を傾け、親身に話すこと。時間がいりますから、個人ではなく園として職員みんなでの対応が原則です。

園に対して
不信感を抱いて
しまった
お母さん

 ## Jちゃんとお母さん

基本情報

2歳児男児。父親、母親との3人家族。2歳児4〜5月に一時預かりで週2、3回来園後、6月に入園。

Jちゃんは喜んで登園しているが、園内外のものに強い刺激を受け、保育室を飛び出すことがよくある。2歳児なので様子を見ることにしたが、1対1で話すときに目が合わないことが気になる。お母さんからは、排せつの自立や食べ物の好き嫌いを克服したいといった要望があったが、行動面での心配や育てづらさについては、相談がなかった。

保護者とのかかわり

面談で気になる姿を伝えるが……

6月の入園から10月までを過ごしてきましたが、Jちゃんは落ち着かず、保育室内を走り回り、外に出てしまうことが続きました。職員間で対応を話し合い、落ち着いて過ごせるように1対1でかかわったり、Jちゃんの思いを聞いたりして工夫してきましたが、なかなか改善しませんでした。

そこで、11月はじめの個人面談（2歳児クラス2名の担任と保護者で行う）で、Jちゃんの気になるところをお母さんに話してみることにしました。面談ではまず、Jちゃんは語いが豊富で人懐っこく、だれとでもかかわれること、何にでも興味を示し、積極的にかかわろうとすることなど、良いところを話しました。その後、体が絶えず縦に揺れ動いてしまい、話を聞くことが難しいことや、衝動的に友達をたたいてしまうことなど、普段の様子で気になることを具体的に話しました。

しかし、話が進むにつれてお母さんの表情が硬くなり、「先生はうちの子が多動だと言うんですか？」とかなり強い口調で聞いてきました。担任は慌てて、多動だと言っているのではなく、「気になるところを一緒に見ていきたいのです」と伝えましたが、「うちの子は先生に色眼鏡で見られているのではないですか」とお母さんに嫌悪感を示されてしまいました。

多動だと言うんですか？

いえ　そうじゃなくて…

子育て相談の案内をする

　面談後、保護者との信頼関係を少しでも修復するために、お迎えのときに、「その日見つけたJちゃんの良いところ」を担任だけでなく、園の保育者みんなで伝えることにしました。しかし、両親ともお迎えの時間が遅いのと、Jちゃんが帰りたがらず、お母さんが振り回されることが多いため、実際には話す時間をとるのが難しいことがわかりました。

　そこで、市で行っている「こども相談室園訪問事業」を利用し、発達相談員（臨床心理士や保健師などの専門家が担当）にJちゃんの行動観察をしてもらい、保護者との面談で専門的な見地から、かかわり方を伝えてもらうことに。ただし、お母さんの気持ちを考え、「市の発達相談員の先生が2月に2歳児クラスを見に来てくれる」ということだけを話しました。

タイミングを見て再度子育て相談を勧める

　1月のある日、Jちゃんが友達を押しのけながら走ってしまい、押された子が転びそうになったことがあり、お迎えのとき、その様子をお母さんに伝えました。毎日繰り返しJちゃんの良いところや行動を伝えてきたので、この日は冷静に話を聞いてくれたお母さん。家庭でも「少しはじっとしていなさい」と言うことが多いことが気になっていると話してくれました。そこで再度、2月の園訪問事業のことを話したところ、翌日、面談の申し込みがありました。

「こども相談室 園訪問事業」

発達に問題や偏りをもつ園児の保護者や保育者の相談に応じ、発達障がいなどの発見と園児の発達を促すための事業。各市で同じような事業が行われている。

執筆／広瀬由紀

振り返って

　Jちゃんの様子から、お母さんは育てづらさを感じているのではないかと思い、気になる点を話しました。しかし、一人っ子で比較対象がいなかったこともあり、2歳児はみんなこんな感じだと思いたい気持ちもあったようです。担任から気になる点を伝えられ、受け入れ難かったのだと思います。もう少し時間をかけ、お母さんとの信頼関係を深め、緩やかに伝えるべきだったと反省しました。

　園訪問事業の面談当日は園の職員は同席せず、相談員と両親が2時間ほど話をしました。そのときに相談員が「園の保育者は、Jちゃんの苦手なところを見極めて、丁寧にかかわろうとしている」と話してくれたことも、お母さんが少しずつ園に理解を示すのにつながりました。

家庭と連携するには

　「多動だと言うんですか？」と強い口調で言っていたJちゃんのお母さんでしたが、実は家では「少しはじっとしていなさい」と言っていたそうです。お母さんの葛藤がうかがえます。

　では、なぜ最初の面談で保育者への嫌悪感を示したのでしょうか。保育者はJちゃんの良いところも伝えていたのですが、"伝わったこと"が「保育者はJちゃんのことが気になっている」というメッセージだったからではないかと感じます。しかし、一度は距離が離れた関係も、園は子どもや家庭にとって味方である、というメッセージが伝わると、保護者の気持ちが少しずつほぐれていくのです。

家庭内に
問題を抱え、
気持ちが
落ち着かない
お母さん

Gちゃんとお母さん

基本情報

4歳児男児。父親、母親、兄（小3）との4人家族。3歳児、4月に入園。兄も3年間在園していた。

　Gちゃんは言葉が出づらく、入園時から今まではっきりとした単語を発せなかった。4歳児に進級してからは、Gちゃん自身ももどかしさを感じている様子が見られる。Gちゃんはバス通園なので、お母さんと顔を合わせることは少ないが、園に来ると顔見知りの保育者に次々と声をかけ、家庭のことや子育てのことを話す。何気ない会話の中に、自分の満たされなさや夫との行き違いが言葉の端々に聞かれ、その矛先が子どもたち（特に兄）に向かうことも少なくないようである。

保護者とのかかわり

家庭内の不満を、園全体で受け止めて

　兄の入園時から「子どもがかわいいと思えない」「夫と協力体制がとれず、つらい」と何度も担任に相談してきていたお母さん。あっけらかんとそのような内容を話してくるので、あまり深刻な雰囲気にしないで、けれど真剣にその状況を受け止めようと職員間で話し合いました。そして、担任だけではなく、フリー保育者や主任なども積極的に声をかけるようにしてきました。しかし、お母さんのそうした話はなかなか絶えることなく、兄が泣きはらした顔で登園してくることも少なくありませんでした。

お母さんの気持ちを優先してかかわる

　兄の卒園後、1年空いて入園したGちゃん。それと同じタイミングでお父さんが在宅で仕事を始めました。お父さんが常に家にいるので、お母さんの気持ちにさらに波が見られ、年度当初は、園に来る回数が増えました。そこで保育者間で話し合い、何気ない話題でお母さんに話しかけ、話を聞くことを大切にしてきました。本来なら、Gちゃんの園での様子を共有し、言葉のことを一緒に考えたかったのですが、お母さんの気持ちが落ち着かないとGちゃんの状況が伝わらないと思い、お母さんの気持ちを聞くことをメインに、コミュニケーションをとりました。

　また、来園の機会が増えれば気持ちも安定すると考え、保護者サークルへの入部を勧め（2つのサークルに所属）、週2回の保護者サークルへの参加で園に来る機会を増やしたことで、担任と話す機会も増えました。

Gちゃんの言葉のことを気にする様子がある

　お母さんはやはり、Gちゃんの言葉のことを気にしている様子でした。3歳児2学期になると、担任が声をかけるより先に「今朝は『ジュースちょうだい』と言えました」と言ってきたり、「友達みんなに『おはよう』と声をかけていたので、もう大丈夫だと思いました」などと、言葉の改善を何度も告げてきました。でも、その様子の裏には、保育者サイドから言葉のことを話題にしてほしくないという思いが強くありそうでした。

保健師と家庭支援員の存在で後押しする

　そんな中、少し前から保健師による言葉の相談に通うようになったGちゃんとお母さん。保健師との相談状況を確かめたうえで、「Gちゃんが進級して言葉のことを意識する前に、専門家に見てもらい、発語のきっかけづくりをしてもらうとよいかも」と担任がお母さんに療育センターの必要性を伝えました（担任は保健師と区役所の家庭支援員と情報を共有）。しかし、お母さんは「毎日忙しい」「新しい場所に行くことがおっくう」「園を休ませたくない」などのさまざまな理由で療育センターへ行くことを避けているようでした。そこで、3学期には保健師と交代で家庭支援員も療育センターへ同行できることを知らせました。お母さんは1人ではないと少し安心し、その後は前向きに検討してくれました。お父さんも「キャンセルは簡単だから、予約だけすれば」と言ってくれたようで、子育てについてお父さんも相談し合える関係になりつつあるようでした。

　その後、4歳児の夏に療育センターを受診。9月に検査が決まり、両日とも保健師が同行し、キャンセルすることなく通っています。

家庭と連携するには

執筆／太田俊己

　「ワンオペ育児※」の大変さが言われています。子育てには、やはり協力が必要です。夫婦・家庭内の協力が薄いと、子ども、夫婦それぞれの生きがいにも影響します。この園では、園でできる母親支援をみんなで続けました。母親同士の関係づくりや家庭外での活動支援までやってみました。

　お母さんの気持ちの根っこには、発達の心配がありましたが、園と機関との連携で乗り切れそうです。多面的な支援が生きました。気持ちや言葉が切実で、激しい保護者もいます。それは支えてほしいというニーズの表れ。良い養育は良い育ちと園生活につながります。園の保護者支援が必ず良い養育につながるはずです。

振り返って

　この保護者に対する対応の窓口は、担任のみにせず、フリー保育者、主任、副主任でした。全員が普段から積極的に声をかけ、雑談を交えながら家庭の状況やGちゃんの様子を聞くようにしてきました。コミュニケーションを密にとっているように感じていましたが、お母さんの気持ちの揺れや家庭状況の変化が激しいので、その言葉かけやタイミングにとても迷いました。保育者同士、そして保健師、区の家庭支援員との情報共有をタイムリーにすることが重要だと感じました。

※**ワンオペ育児**＝配偶者の単身赴任など、なんらかの理由で1人で仕事や家事、育児をこなさなければならない状態を示します。

Part
4
家庭と連携する

自分のことに夢中で、子どもへの関心が薄いお母さん

 Fちゃんとお母さん

基本情報

4歳児女児。母親、父親、妹との4人家族。

　Fちゃんはおっとりしていて、少し不器用なところがある。そんなFちゃんに厳しく、冷たい感じを受けるお母さん。Fちゃんの思いや行動が、自分の都合や思いと重ならないとFちゃんを怒鳴る。担任が「Fちゃんは片づけが上手ですね」「今日はお友達に優しくしてくれました」などと様子を伝えても、「何をやっても下手で……」などと言うこともある。

 保護者とのかかわり

お母さん自身の満たされなさを感じて

　出産を機にいったん仕事を辞め、今現在の職に転職。学生時代は優秀だったお母さんには、ほかにやりたい仕事があり、今はやりがいのある仕事に就くために、毎日、朝晩と、転職のための勉強をしているようです。「子育ては思ったようにいかず、苦手」「自分のことに打ち込みたい」と話していて、お母さん自身に満たされない思いがあるようです。

Fちゃんに関心をもってほしい

　担任は、お母さんにFちゃんに対して関心をもってほしかったため、園での一日の様子や成長ぶりなど、良い面を毎日伝えました。しかし、お母さんは「でも……」とFちゃんのマイナス面を挙げて、不満気に話すことが多く、担任は、なかなかFちゃん中心に話を進められずにいました。しかし、お母さんにあまり褒めてもらえない、悲しげなFちゃんの表情を思い浮かべると、なんとかしなければと思いました。

自分に関心をもってほしいお母さんの思いを受け止める

お母さんにFちゃんのことを話しても、なかなか話がかみ合わず、コミュニケーションがとりにくいと感じました。そこで、とにかくコミュニケーションをとろうと話をしていくうちに、「お母さん自身」の話になると話が止まらないことに気づきました。自分のことはたくさん話せるのに、子どもには関心が向かない理由を知りたいと思いました。そこでまずは、お母さんに関することを中心に、じっくり話をしてみることにしました。

これには数時間かかることもありましたが、園長先生とも相談し、「今はFちゃんのために、子育て支援の一環だと考えて話を聞こう」ということになりました。「優しいお子さんですよね。お母さんに似たのでしょうね」「今日はお母さんのことをお話ししていましたよ。お仕事、頑張っていらっしゃるんですね」などと、お母さんのことを交えてFちゃんの話をすると、応じてくれるようになりました。お母さんからは、しだいに「私は友達が少ない」「子どもは好きなことができてうらやましい」といった本音を聞けるようになりました。

面談を重ねていくうちに、変化が

その後も、日々のやり取りは「お仕事お疲れ様です。今日一日いかがでしたか?」と、まずはお母さんの状況から話を聞き、気持ちに寄り添うようにしました。しばらく面談の時間を設けて続けていると、やがてお母さんから生い立ちや価値観、コンプレックスなどを話してくれるようになりました。そうした話を聞く中で、Fちゃんの話をすると聞き入れてくれるようになり、「じゃあ、今日はFと過ごす時間をたくさんとってみます」などと、子育てに対しても前向きな言葉を言ってくれるようになっていきました。

お母さんと過ごす時間は特別なのかも…

執筆／太田俊己

振り返って

子どもに否定的なお母さんに、最初は構えてしまい、好感がもてずにいました。園での出来事や、頑張ったことを報告しても、思ったような反応が返ってこなかったときのFちゃんの悲しげな姿が気になり、Fちゃんの気持ちに寄り添いながら、なんとかしなければと感じていました。そこで、「自分の思いに気づいてほしい」気持ちは、大人にもあるのではないかと考え、お母さんにも寄り添ってみようと思いました。話をしていくうちに、お母さんの満たされない気持ちに気づきました。その気持ちに応じて接していくうちに、お母さんは少しずつ自分の気持ちを話してくれるようになり、Fちゃんとも向き合ってくれるようになっていきました。

家庭と連携するには

身勝手な親、満たされない親……。そんな親への批判を耳にします。子どもそっちのけで、幼児にスマホを持たせたまま親同士が話に夢中。これもよく聞く話。今の生活に満たされない親は多そうです。手をかけてほしい子の保護者にも「満たされない」人はいます。この園のように、まず保護者の話に耳を傾ける姿勢は、心がけたい鉄則です。園で何か役割を頼み仲間をつくる、やりがいをもってもらうのもよく行われること。子育て期間中は、保護者も大変なときだと立場を理解し、支えたいものです。

同時に、支える保育者の精神衛生ややりがいも大事にする園でなければいけませんね。

Part 4 家庭と連携する

CASE 7

思いが
伝わりづらい
外国籍の
お母さん

 ## Rちゃんとお母さん

基本情報

5歳児男児。父親、母親、妹との4人家族。障がいの診断は受けていない。家庭では母語を使用している。

　約1年かけて園に慣れたRちゃんは、言葉で気持ちを表現することが苦手でした。3歳児クラスに入園当初、ずっと泣いていたRちゃんをとても心配していたお母さん。担任とは日本語で会話をするが、内容をどこまで理解しているかはわからない。確認すると「わかった、わかった」という返事が返ってくる。Rちゃんのことを話すときには感情があふれ、涙が出てしまうこともよくある。また、話すときに感情的になり、担任が対応に戸惑うこともある。

保護者とのかかわり

 ### 「伝える」難しさを実感

　3〜4歳児のRちゃんは、活動の切り替え時に集団から外れたり、ふざけすぎておもちゃを投げたり、制止されると怒って椅子を倒したりする行動が見られました。

　担任はRちゃんの様子をお母さんに伝えながら、家庭での様子も知りたいと思い、園での出来事を話しました。お母さんの表情や反応を見ながら遠回しに伝えますが、曖昧な表現になるため、うまく伝わりません。お母さんが「何が言いたいの?」といら立った表情を見せるので、余計に伝えられません。また、わかりやすいよう具体的に伝えると、お母さんの表情はこわばり「しかってください」という言葉が返ってきます。そうしたやり取りなので、Rちゃんの姿を共有するまでには至りませんでした。

見て〜！
早く帰るよ！

Rちゃんを苦しめていることに気づく

　行動から良い子と悪い子と区別をする考えが強く、行動の背後の子どもの気持ちを伝えてもあまり理解してくれません。担任からマイナスの指摘を受けたくないという気持ちを強く感じました。Rちゃんは家庭でしかられ、モヤモヤを抱えたまま登園し、集団から外れてふざけたり暴れたりする、堂々巡りの日が続きました。しだいにRちゃんは、お母さんに園での楽しかったことを伝えても、明るい表情で受け止めてもらえなくなってしまいました。

今、できることを一緒に

　5歳児になり、友達と一緒に活動するようになった
Rちゃんですが、お母さんは、Rちゃんがまだ文字を
読めないことを心配し、家庭でひらがなの読み書き
を教えています。厳しいところがあるので、気になっ
た担任がその様子を聞こうとしても、最初Rちゃんは
話しませんでした。そのため、1対1で絵本を読んだ
り、一緒に名前を書いたりして、一緒に過ごす時間を
もつようにしました。するとある日、「字が書けないと
ママは怒るんだ。あそびたいのに練習をしなくては
ならないから大変なんだよ」と自分から家庭での様
子を教えてくれました。

成長の様子とともに
家族への思いも伝えて

　お母さんには、Rちゃんが3歳児に対して優しく接
する姿や、鉄棒やなわとびなどに自分から取り組ん
でできるようになった様子を伝えたり、絵や作品に
自分で書いた名前を見せたりしながら、Rちゃんの
成長を具体的に伝えていきました。また、Rちゃんが
担任に話してくれた両親や妹を思う気持ち、大きく
なったらやりたいことや、なりたいものなどについて
繰り返し伝えました。こうして、硬い表情だったお母
さんからも、今では少しずつ笑顔が見られるように
なってきました。

できたね

振り返って

　Rちゃんのためを思って保護者に伝えているこ
とが、Rちゃんを苦しめてしまうのなら、伝える意
味はありません。子どもの姿を保護者と共有する
ことについて、見直すきっかけになりました。
　まずは、園ができる援助を着実に実践し、子ど
もの変化や成長など、保護者と喜び合うようなこと
から伝えていくのが大切だと考えます。また、こう
しなくてはならないという形にとらわれず、それぞ
れの家庭の在り方に合わせてかかわり方を変えて
いく必要があることを学びました。

家庭と連携するには
執筆／太田俊己

　外国にルーツのある子への保育では、言葉の問
題がまず浮かびます。次に生活の習慣やマナー、
風習などの面。これは保護者にも当てはまります。
家庭への園からの連絡、子どもの様子の相互理解
をするとき、言葉の問題は避けられません。この例
からは、養育観や保育の役割についての溝を埋め
る努力が必要だとわかります。ほかの気になる子
へのアプローチとも共通して、こちらの考えを一方
的に伝えるだけではうまくいきません。
　事例のように、保護者が大事にする子育て観や
保育観もくみ取り、わかり合える部分を増やしま
しょう。子どもの姿やその変化を喜び合えれば、
共通の思いは必ず広がります。

おわりに

私は学生時代、特別支援学校の教員養成課程に在籍しながら、保育における特別支援に関心を持ち、たくさんの保育所や幼稚園にうかがっていました。現場の先生方はいつも優しく、保育を全くわかっていない私のような者にも、丁寧に教えてくださいました。その後も、さまざまなご縁で保育現場にうかがう中で、いわゆる「気になる子」がいても、前向きにおもしろがって保育を展開される保育者や園との出会いがたくさんありました。

そうした保育の中では、どの子どもも遊びに没頭していて、時に真剣なまなざしで、時に笑顔で、活動に取り組んだり友だちと関わったりしていて、見学者なんて見向きもしません。「子どもってすごい！保育者ってすごい!!保育ってすごい!!!」と改めてその世界の広さや深さに魅了されて、今日に至っています。

この本に出てきた実践は、すべて現場の先生方が書いた「実話」です。「自分の園やクラスでもこの考え方や工夫は使えるかもしれない」と思える実践例が見つかり、読者のみなさまの今日や明日からの保育に少しでもお役に立てればこの上ない幸せです。

最後になりましたが、本書を手に取っていただいたすべての方々、力強い実践をお寄せいただいた園の先生方、私のつたない文章を丁寧に汲み取ってくださり読みやすくしてくださった編集の佐々木様と中野様、要所で本著の道筋を示してくださった奥山様、そしていつも温かく気遣ってくださる太田先生に心から感謝いたします。

広瀬由紀

日々の保育には、保育者のこうしたいとの「思い」があります。子どもたちへの「願い」もあります。保育・子どもたちへの期待があって保育の営みがあります。話題の「気になる子」には、保育者の思いや願いが関わります。それは、「気になる子」が気になる裏側に、保育者の保育・子どもたちへの期待がひそむからです。「気になる」子は、実は保育者がなぜその子が気になり、どうしたら気にせずに前向きな保育ができるか、問いかけている存在なのだと思います。

　保育者のさまざまなとらえ方を突き合わせ、いろいろな子を含み込む保育がインクルーシブ保育です。「気になる子」も、どの子も含み、育ち合う保育をめざします。「気になる子」が目立つ保育が、一面的で縮こまった保育だとすると、インクルーシブ保育は豊かな多面性の伸び行く保育だと思います。現場で話題の「気になる子」を、このインクルーシブな観点で見直そうとしたのが本書です。将来をつくるどの子も、インクルーシブに、豊かに育ってほしいとの願いを込めました。

　誠実にその子たちの思いに沿った事例原稿をお書きくださった園の先生方に感謝します。編集の奥山様、佐々木様、中野様にはたくさんのご尽力をいただきました。共著の広瀬先生には、前向きな保育への応援の原稿を書いていただきました。温かな応援を受け、どの子もどの先生も園で豊かな時を過ごせるよう願います。

太田俊己

編著者

広瀬由紀 (ひろせ ゆき)

千葉大学大学院教育学研究科修了。
現在、東京学芸大学大学院連合学校教育学研究科在籍中。
発達支援センターの児童指導員、植草学園短期大学を経て、植草学園大学発達教育学部准教授。
月刊誌『ピコロ』(学研)にて「特別支援児のための指導計画」監修。
編著に『イラストでわかる はじめてのインクルーシブ保育』高倉誠一・広瀬由紀・相磯友子(合同出版)、
分担執筆に『保育士等キャリアアップ研修テキスト3 障害児保育』松井剛太編(中央法規出版)など。

太田俊己 (おおた としき)

早稲田大学第一文学部心理学専攻卒業、筑波大学大学院博士課程心身障害学研究科中退。
国立特別支援教育総合研究所、
千葉大学教育学部、植草学園大学の後、関東学院大学教育学部教授。
知的障害教育が専門。本書の事例提供園の葛飾こどもの園幼稚園には、40年ほど関わり、
インクルーシブな保育を見守り続けてきた。
編著に『インクルーシブ保育っていいね 一人ひとりが大切にされる保育をめざして』(福村出版)、
監修に『イラストでわかる はじめてのインクルーシブ保育』(合同出版)など。

執筆

Part 1：小学校につなげる(P.19-20) つくの幼稚園 ／ 本田俊章

執筆協力園(50音順)

愛隣幼稚園　　植草学園大学附属弁天こども園　　葛飾こどもの園幼稚園　　関東学院のびのびのば園

関東学院六浦こども園　　こすもす幼稚園　　桜ヶ丘幼稚園　　聖マリア保育園

認定こども園植草学園大学附属美浜幼稚園　　認定こども園峯岡幼稚園　　認定こども園吉田マリア幼稚園

STAFF

編集 ／ 佐々木智子　中野明子
カバー・表紙デザイン ／ 浅野 悠 (two half labo.)
本文デザイン ／ 内藤正比呂
カバーイラスト ／ 内田コーイチロウ
本文イラスト ／ 有栖サチコ　ひのあけみ　マルオアキコ　YUU　わたいしおり
校閲 ／ 鴎来堂